Données de catalogage avant publication (Canada)

Vedette principale au titre :

Jouer avec bébé

(Gymboree. Jeux et musique)
Traduction de Baby play.
Comprend un index.

ISBN 2-89000-566-6

1. Nourrissons - Loisirs. 2. Nourrissons   Développement.
3. Jeux. 4. Jeu. I. Masi, Wendy S. II. Leiderman, Roni.
III. Collection.

HQ774.B3214 2002   649'.5   C2002-940732-X

Pour l'aide à la réalisation de son programme éditorial, l'éditeur remercie :
Le Gouvernement du Canada par l'entremise du Programme d'Aide au Développement de l'industrie de l'Édition (PADIÉ) ;
La Société de Développement des Entreprises Culturelles (SODEC) ;
L'Association pour l'Exportation du Livre Canadien (AELC);
Le Gouvernement du Québec - Programme de crédit d'impôt pour l'édition de livres - Gestion SODEC.

Pour l'édition en langue française :
Copyright © Ottawa 2002
Broquet inc.
Dépôt légal — Bibliothèque nationale du Québec
4ième trimestre 2002

ISBN : 2-89000-566-6

Imprimé à Singapour

Nous encourageons les parents à devenir des partenaires de jeu actifs avec leurs enfants. Pendant que vous vous livrerez à ces activités enrichissantes avec votre bébé, assurez-vous que la sécurité soit une priorité. Bien que les risques de blessures soient minces dans les activités proposées dans ce livre, nous vous encourageons à prendre toutes les mesures nécessaires pour assurer la sécurité de votre enfant. Veuillez suivre les présentes directives afin de réduire les risques de blessures. Ne laissez jamais votre bébé sans surveillance, ne serait-ce qu'un instant, lorsque vous pratiquerez les exercices décrits dans ce livre, particulièrement ceux qui ont lieu dans l'eau en raison du risque de noyade. Assurez-vous que votre bébé ne met aucun objet (même ceux apparaissant sur les photos) de petite taille dans sa bouche, car certains pourraient présenter un risque de suffocation et s'avérer mortels. Vous devez donc faire en sorte d'utiliser des crayons, des marqueurs et autres accessoires d'écriture non-toxiques et dont l'usage est recommandé pour des enfants de trois ans et moins.

Dans tout le livre «Jouer avec votre bébé», nous avons émis des directives quant à l'âge approprié pour chacune des activités proposées, mais nous vous recommandons d'évaluer vous-même avant-coup la pertinence d'une activité particulière pour votre enfant, car l'habileté, l'équilibre et la dextérité diffèrent passablement d'un enfant à un autre.

Bien que nous n'ayons négligé aucun effort pour nous assurer que l'information contenue dans ce livre soit exacte et fiable et que les activités proposées soient sécuritaires et fonctionnelles lorsqu'un adulte en assure la supervision adéquate, nous déclinons toute responsabilité quant à tout usage involontaire, imprévu ou inapproprié des recommandations et suggestions mises de l'avant par les auteures de «Jouer avec votre Bébé».

TABLE DES MATIÈRES

NEUF MOIS
9
ET PLUS

TYPES D'ACTIVITÉS

AVANT-PROPOS

Dr WENDY S. MASI ET Dr RONI COHEN LEIDERMAN

L'**ARRIVÉE** de votre poupon est une période de célébration et d'émerveillement. Bien que votre enfant vous semble petit et fragile, sachez qu'il est déjà un être d'une prodigieuse complexité et plein de ressources. À la naissance, il peut déjà voir, entendre, sentir et réagir au toucher. En fait, depuis déjà plusieurs mois, il pouvait entendre et reconnaître votre voix, à l'intérieur de l'utérus. Dès le premier instant, il vous regarde avec amour, se tourne pour vous écouter parler ou se blottit contre votre poitrine pour vous laisser savoir à quel point il a besoin de votre amour et de votre attention.

Nous avons consacré les vingt-cinq dernières années à étudier le développement des enfants, à jouer avec des bébés et à discuter avec leurs parents. Nous avons adoré chaque minute de cette expérience. Le fait d'avoir élevé six enfants nous a grandement sensibilisées aux défis, aux grandes joies et à la fierté qu'apporte le statut parental à l'existence. Nous avons appris que la majorité des parents désirent la même chose pour leurs enfants, soit une vie heureuse et bien remplie et qu'il existait plusieurs façons d'atteindre cet objectif.

Nous croyons fermement aux vertus d'une relation parent-enfant enrichissante, positive et ludique. Ces croyances sont confirmées de façon quotidienne par de nouvelles études scientifiques démontrant que le développement du cerveau est fortement influencé par le genre d'expériences que nos enfants vivent dès leur tout jeune âge. Le cerveau de votre nouveau-né n'est développé qu'à environ 25 pour cent, mais une fois que votre enfant aura atteint l'âge de trois ans, le développement de son cerveau sera déjà complété à plus de 90 pour cent.

Vous devez procurer à votre bébé diverses expériences d'apprentissage intéressantes afin de l'aider à atteindre son plein potentiel. Gymboree, le principal fournisseur de programmes de jeux pour parents et enfants, a mis au point sa philosophie de « jeu instructif » pour faire comprendre aux parents que le jeu est le meilleur outil d'apprentissage qui soit pour un enfant. C'est par l'intermédiaire de jeux pratiques que votre enfant apprendra à parler, à développer des aptitudes pour résoudre un problème et à maîtriser les relations interpersonnelles.

Bien sûr, les parents profitent également de ces jeux. Existe-t-il une sensation comparable à la joie que vous avez ressentie lorsque votre bébé s'est approché de vous et a ri, dansé sur son air préféré, vous a imité ou tapé des mains pour la première fois?

Avec ce livre proposant une multitude d'activités et de chansons permettant d'établir des relations interactives avec votre enfant, Gymboree Play and Music offre une ressource inestimable aux parents. Les échanges que vous aurez avec votre bébé favoriseront son développement physique, émotionnel et cognitif, et par-dessus tout, permettront d'établir entre vous une communication toute empreinte de tendresse et de gaieté.

Vous êtes le premier et le principal éducateur de votre enfant ainsi que son précieux compagnon de jeu. Réjouissez-vous de ses découvertes et célébrez chacun de ses accomplissements. Amusez-vous avec votre poupon et profitez de ces années formidables. Vous pourrez ainsi assurer à votre enfant de prendre un bon départ dans la vie.

Wendy Masi

Wendy Masi

Roni Cohen Leiderman

Roni Cohen Leiderman

PLUS QUE DU PLAISIR

LORSQUE VOUS RAMENEZ un nouveau-né à la maison, vous pensez surtout aux aspects pratiques, à la façon de garder votre bébé propre, au chaud et de bien le nourrir, où conserver les couches et les vêtements, au fonctionnement du porte-bébé frontal, du siège d'auto pour bébé, de la poussette et aussi à prendre un peu de sommeil !

Vous devez évidemment vous concentrer sur ces problèmes de logistique, car ils sont essentiels à la survie de ce petit être. Cependant, une fois que vous aurez pris soin des nécessités, il restera un aspect fondamental dont même le plus jeune bébé a besoin pour s'épanouir, soit une interaction ludique et affectueuse avec son entourage.

Au cours des dernières années, des douzaines d'études ont démontré que l'estime de soi et la capacité de l'enfant à développer des liens affectifs dépendent grandement de la qualité de ses relations avec ses parents. Celles-ci peuvent être enrichies par l'intermédiaire du jeu et de la proximité. Pour les bébés qui ne vont pas encore à l'école, qui sont trop jeunes pour lire ou pour regarder un documentaire à la télévision, le jeu constitue le principal outil d'apprentissage.

L'APPRENTISSAGE n'est qu'une partie de plaisir.

L'ÉTONNANTE PREMIÈRE ANNÉE

Pendant leur première année d'existence, les bébés vivent un puissant réveil mental, physique et social. Ils apprennent à reconnaître les membres de leur famille, le placard où sont cachés les biscuits et le terrain de jeu où se trouve la grande glissoire incurvée. Ils apprennent à soutenir leur tête, à utiliser leurs mains, à se tourner, à s'asseoir, à se traîner à quatre pattes, à se tenir debout et certains parviennent même à marcher. Cependant, longtemps avant qu'ils ne soient prêts à parler, ils se familiarisent avec toute une gamme de moyens de communication humaine, allant du langage corporel (par exemple, secouer la tête de façon à décourager toute autre ration de nourriture ou ouvrir les bras afin de se

L'ÉVOLUTION À PARTIR DE LA NAISSANCE

DE LA NAISSANCE
0
ET PLUS

À PREMIÈRE VUE votre nouveau-né semble posséder peu de capacités. Il ne peut voir d'un bout à l'autre de la pièce, tenir sa petite tête droite ou reconnaître votre visage. En fait, la plupart des nouveau-nés ne semblent pas vraiment se rendre compte qu'il y a des gens ou des objets autour d'eux.

Toutefois, les apparences sont trompeuses, car le petit être humain que vous tenez dans vos bras, par l'intermédiaire de ses sens, est en train de recueillir des trésors d'information sur le monde qui l'entoure. Bien qu'il ne puisse voir au-delà de 97 cm et ne soit pas en mesure de reconnaître votre visage, du moins au début, il reconnaîtra définitivement votre odeur, votre toucher et le son de votre voix (l'ouïe, l'odorat, le toucher et le goût sont pleinement développés chez les nouveau-nés).

Au cours des premiers mois, il augmentera régulièrement son habilité à contrôler ses muscles. Durant le deuxième mois, il arrive parfois que ses poings fermés commencent à s'ouvrir et si vous placez un hochet ou un autre jouet dans sa paume, il refermera ses doigts autour de l'objet. Quelque temps plus tard, il tentera de s'emparer d'objets, qu'il s'agisse de votre pendentif ou du lapin imprimé sur sa couverture. Cet agrippement peut être accidentel la première fois, mais il s'avérera bientôt intentionnel et marquera le début de sa capacité à utiliser ses mains pour saisir des objets et les attirer vers son monde.

Sa sociabilité se développera également vite. Au cours des premiers mois, il vous fixera intensément lorsque vous lui parlerez. En réaction à différents stimulus, il développera une gamme de pleurs qui vous feront accourir à ses côtés. À l'âge de six semaines, le gazouillis et le sourire viendront enrichir son registre. Durant cette période, le jeu a une fonction beaucoup plus exploratoire que ludique, car il part à la découverte de ses sens. Nous vous suggérons de présenter à votre bébé des objets qu'il pourra observer, écouter et toucher. À cet âge tendre, le jeu consiste aussi en des activités qui permettent au parent et à l'enfant de se familiariser l'un avec l'autre. Il peut s'agir d'activités sécurisantes comme le chant ou le bercement, ou de jeux plus interactifs comme faire des grimaces pour que l'enfant les imite ou l'aider à faire des redressements assis.

Ce genre d'interaction réactive fait merveille dans le développement d'une relation basée sur l'affection et l'intimité.

Il est également très important d'apprendre à laisser votre bébé être lui-même. Les nouveau-nés sont incapables de contrôler le niveau de stimulation de leur système nerveux et ne peuvent donc pas dire à quel moment ils en ont assez. Parmi les indices permettant de savoir si l'enfant est trop stimulé, on retrouve les pleurs et les situations où l'enfant se retourne, détourne le regard, ferme les yeux ou s'endort. Si vous respectez les besoins particuliers de votre bébé, il se sentira compris et y réagira positivement, ce qui est important pour instaurer un climat de confiance.

À PARTIR DE TROIS MOIS

À L'ÂGE MÛR de trois mois, votre bébé n'est plus un nouveau-né. Il peut tenir sa tête droite et la tourner dans votre direction lorsqu'il entend votre voix. Il peut agiter ses poings et donner des coups de pied lorsqu'il est excité et parfois aussi maîtriser cet adorable tressaillement, qui anime tout son corps et représente sa façon d'exprimer une joie réelle. L'enfant peut aussi arborer un large sourire, rire, grimacer, gazouiller et, bien sûr, pleurer et exprimer son plaisir ou son mécontentement.

Les trois mois suivants de l'existence de votre bébé introduisent l'éveil du sentiment d'exercer un contrôle sur son petit univers, aussi modeste soit-il. Votre poupon n'est plus un nouveau-né passif, mais est plus fort et plus actif et désormais capable d'utiliser ses mains pour atteindre et tirer vers lui des objets, puis les tourner, les laisser tomber, les agiter ou les mettre dans sa bouche par curiosité. Ces activités ne constituent pas uniquement une source de divertissement pour votre bébé, mais également des expériences d'apprentissage par lesquelles il développera toutes sortes d'habiletés en plus de sa propre identité.

En tant que parent, vous pouvez également vous sentir plus en contrôle, car votre enfant dort probablement plus longtemps la nuit, et par le fait même, vous aussi.

Vous vous êtes habitué à ses humeurs, à ses expressions et aux sons qu'il émet. Vous êtes donc en mesure de bien vous en occuper. Quand vous réalisez que les «allô» enjoués et les sourires exubérants que vous lui adressez le font sourire, puis glousser de joie, vous vous sentez plus compétent comme parent ainsi que pour exercer cet art mystérieux qu'on appelle le jeu.

Il y a de fortes chances que votre bébé soit maintenant capable de s'asseoir, de se balancer lorsqu'il est allongé ou encore de rouler sur lui-même, ce qui nous amène à parler des questions de sécurité. Comme il ne vous avertira pas de son prochain mouvement, vous ne saurez pas s'il peut tomber en bas de la table à langer, par terre ou basculer sous le lit.

Cette période marque également l'apparition de nouvelles formes de jeu, car votre bébé est un peu plus fort et pourra réagir à des chansons en bougeant les mains et le corps. Il appréciera aussi les jouets qui s'agitent, font du bruit et les randonnées sur les genoux ou les chevilles qui font appel à tout son corps et se faire chatouiller.

Vous serez récompensé de cette formidable interaction en voyant à quel point il appréciera ces activités et c'est avec un répertoire vocal des plus riches qu'il exprimera sa joie profonde en réaction aux chatouillements, aux chansons, aux mimiques, aux jouets de couleurs vives et ce qui vous fera le plus chaud au coeur, à votre cher visage.

APPRENDRE à se promener à quatre pattes présente de nouvelles possibilités de jeu plus excitantes.

faire étreindre) jusqu'à quelques-uns des mots qu'ils entendent de la bouche d'un des parents.

Du même coup, les enfants apprennent à communiquer leurs propres besoins et sentiments au moyen de leur babillage.

Cependant, la principale tâche à accomplir durant la première année d'existence de l'enfant, c'est le développement de la confiance, car votre bébé a besoin d'être rassuré sur le fait que ses besoins physiques de nourriture et de chaleur seront comblés, que son environnement est sécuritaire, et plus important encore, que ceux qui s'en occupent vont le dorloter et entretenir ses propres sentiments affectifs en pleine éclosion.

NOTA : on comprendra aisément, à la lecture de cet ouvrage que même si le mot «bébé» est masculin, tous les textes s'appliquent tant aux bébés filles qu'aux bébés garçons.

Serrer, embrasser, bercer et sourire à votre bébé sont autant de façons de cultiver sa confiance, tout comme l'initier aux plaisirs de toutes sortes de jeux.

L'interaction avec votre enfant sera essentielle durant toute sa vie, mais s'avère particulièrement importante et enrichissante au cours de sa première année d'existence. Les chercheurs estiment que 50 pour cent du développement du cerveau humain se produit durant les six premiers mois de l'existence et un autre 20 pour cent avant la fin de la première année. Bien qu'une partie importante de ce développement soit liée à l'héritage génétique, une bonne partie de l'existence intellectuelle, émotionnelle et physique éventuelle de l'enfant dépendra de la quantité et des formes de stimulation que l'enfant aura reçues durant les premières années de sa vie.

Toutes ces discussions concernant la stimulation et le développement mental de l'enfant peuvent sembler arides et donner l'impression que les parents doivent

LES LIENS AFFECTIFS et la confiance se tissent lors des premiers jeux.

soumettre leurs enfants à des exercices particuliers afin d'atteindre des objectifs précis à certaines étapes de leur développement, liées à l'âge. Toutefois, pour la majorité des bébés, le jeu est une chose naturelle et il en va de même pour la plupart des parents, même s'ils sont susceptibles d'être intimidés ou déconcertés par la soif de vivre d'un nouveau-né ou de leur enfant de onze mois.

MILLE ET UNE FORMES DE JEUX

Les bébés ne savent pas que les animaux en peluche sont conçus pour être serrés ou que les jeux de cache-cache procurent un plaisir fou. De même, ils ignorent qu'il est difficile de verser de l'eau d'une tasse à une autre ou encore que les moulinets brillent en tournant. Ces jeux et ces jouets, de même que votre attention, vos

UNE BONNE SÉANCE DE JEUX procure une profusion de sourires, de rires et d'heureux souvenirs.

UN DOUX BAISER termine bien une petite balade sur un genou.

rires et vos encouragements vous permettent de partager ces moments de découverte. Ils permettent aussi à votre enfant de savoir qu'il a fait son entrée dans un univers amusant, intéressant et réceptif. Au cours de la première année, les parents doivent également prendre conscience de l'individualité de leur enfant. Le jeu, même lorsqu'il est de nature «stimulante», n'a rien à voir avec des expériences comme celles de forcer l'enfant à manger, mais sert plutôt à comprendre le caractère de votre enfant, ce qu'il aime et ce qui lui déplaît, ainsi que sa tolérance et sa capacité de s'adapter à différentes formes de stimulation. Certains bébés aiment se faire bercer de l'avant à l'arrière dans les bras de leurs parents, alors que d'autres s'y opposent fortement; certains adorent qu'on leur coure après dans toute la maison, alors que d'autres sont terrifiés par ce branle-bas de combat! Généralement, le jeu est plus béné-

À PARTIR DE SIX MOIS

DE SIX À NEUF MOIS, un bébé est une charmante créature sociable qui rit, va au devant d'autrui et sourit pour attirer l'attention ou provoquer une réaction. Dans la plupart des cas, le bébé bouge également beaucoup et se traîne, glisse, culbute, trottine ou se redresse pour aller chercher ce qu'il veut. Lorsqu'il a atteint cet âge, l'enfant commence vraiment à savoir ce qu'il veut et à tenter de s'en emparer, qu'il s'agisse de bretzels sur une table, d'un livre sur une étagère ou d'une pile de bols en plastique rangée dans un placard difficilement accessible. Cette étape correspond au développement de la volonté du bébé. En fait, elle annonce le développement de sa capacité à reconnaître une intention (je veux ce ballon), à élaborer un plan (je vais ramper jusqu'à lui) et le rapporter (je l'ai !).

Cette capacité de mener à bien un projet est cruciale dans ce que les spécialistes du développement de l'enfant appellent «l'autoefficacité», ce sentiment qui fait en sorte qu'une personne exerce un certain contrôle sur ses actions et son univers. Pour bon nombre de parents, la capacité de l'enfant à prendre des décisions est un signal rassurant qui démontre qu'il commence à comprendre et à interagir avec le monde extérieur.

Ses nouvelles capacités motrices continuent de l'occuper. Vous pourriez le surprendre en train de joindre son pouce et son index de façon méticuleuse, à jouer avec des étiquettes ou des miettes ou encore à saisir votre chevelure.

La plupart des bébés de cet âge se livrent également sans se lasser à des activités comme remplir et vider un bol. Par exemple, un matin l'enfant pourrait enlever toutes les céréales de son bol, puis les remettre avec soin ou tenter de retirer toutes les bavettes se trouvant dans le tiroir inférieur de son bureau et essayer de les remettre en place.

C'est également l'âge où votre bébé commence à prendre conscience de la permanence des objets, c'est-à-dire, la notion qu'un objet existe même s'il n'est pas immédiatement visible. Il sera donc porté à chercher un objet qu'il a échappé plutôt que de l'oublier une fois qu'il ne le voit plus ou à chercher activement son article préféré dans son panier à jouets. Ces développements conceptuels font en sorte qu'il devient possible de se livrer à des jeux de cache-cache. Vous pourriez assister aux premières manifestations du sens de l'humour de votre enfant lorsqu'il recouvrira son visage d'une serviette, puis frissonnera de plaisir pendant que vous ferez semblant de le chercher.

Toutes les formes de jeu sont certaines de ravir votre enfant de six à neuf mois, puisqu'il a maintenant une conscience beaucoup plus grande de ses relations avec les autres.

Que vous l'interpelliez joyeusement par son nom par derrière, que vous imitiez ses exclamations comme «bouh !», «gnagna !» ou «pouf !» ou que vous souffliez des framboises sur son ventre, il verra à travers vos interactions pleines d'humour que ce monde est une oasis de plaisir et d'amour.

6 MOIS ET PLUS

À PARTIR DE 9 MOIS

La période comprise entre **NEUF ET DOUZE MOIS** pourrait être appelée à juste titre «l'âge précédant la seconde enfance». Dès leur premier anniversaire, ces enfants qui ne marchent pas encore commencent déjà à ressembler et à agir comme des tout-petits. La croissance est moins rapide que lors de la première enfance, le visage commence à s'amincir et les capacités de l'enfant à s'affirmer, à se déplacer et à communiquer augmentent continuellement.

Les jeux permettant de mettre en pratique les mouvements globaux, comme se promener à quatre pattes, se redresser pour se tenir debout, marcher à petits pas chancelants ou grimper lui semblent particulièrement intéressants, car la mobilité représente son objectif principal. Une bonne motricité est également très importante pour lui. Ainsi, il insistera pour tourner les pages d'un livre ou faire une pile avec ses propres livres. Pour bon nombre de bébés, il s'agit du commencement de l'étape «je vais le faire moi-même». Bien sûr, il n'est pas encore en mesure de prononcer ces mots, mais il essaiera de se livrer à des activités qui semblaient totalement hors de sa portée quelques mois auparavant.

Voilà pourquoi les enfants de cet âge aiment tant les imitations. Votre enfant s'intéresse maintenant à ce que font les grands et veut les imiter. Il fera aussi des expériences comportant des causes et des effets, manipulant des jouets munis de boutons, des cadrans qui tournent et des leviers qui font sauter les jouets.

En lui procurant des outils de petite taille comme une tondeuse manuelle, un ensemble de cuisine ou une auto miniature, vous lui permettrez de s'initier à ce type de jeu qui évoluera tout naturellement (généralement vers l'âge de deux ans) vers des jeux consistant à «imiter», ce qui représente une forme précoce de pensée symbolique. Les outils miniatures permettent d'éviter la frustration, car ils sont plus faciles à manier que ceux de dimension normale et quand il parvient à se servir correctement de ces jouets, votre bébé ressent une grande fierté d'avoir accompli quelque chose, ce qui lui permet de développer l'estime de soi.

À cet âge, certains enfants disent déjà quelques mots comme «bobo», «maman» et «chat», mais la plupart ont leur propre langage, consistant en des exclamations comme («oooooh!» «waaaa!» «zooom!») et en des gestes (pointer, secouer la tête, tendre les deux mains vers un objet). Ils feront également le lien entre vos paroles et vos gestes. Ainsi, secouer la tête veut dire «non» et applaudir est synonyme d'encouragement.

Ce genre d'association rend les jeux avec les doigts et les chansons particulièrement attirants. Bien que l'enfant ne soit pas encore en mesure de maîtriser les mots ou les gestes d'une chanson comme *Savez-vous planter des choux*, il en appréciera tout de même le rythme et les mouvements simples, ainsi que votre interprétation. Ne soyez pas surpris si avant longtemps, il décide de vous présenter son propre spectacle.

LES JEUX ABSURDES font également fureur à l'heure des repas.

couches et vous réduirez les tortillements et les protestations. Installez confortablement bébé en indien sur vos épaules pendant que vous passez la vadrouille et les tâches domestiques deviendront une danse apaisante. Jouez à «Je vais t'attraper» lorsque vous quittez la maison ensemble et vous sortirez plus rapidement et probablement de meilleure humeur. Chantez dans l'auto et votre bébé cessera de rouspéter pour se mettre à rire.

Dans cette optique, le jeu devient moins une tentative d'accomplissement qu'une façon d'établir des relations. Lorsque vous jouez avec votre bébé, vous vous engagez dans des activités intimes qui l'aident à maîtriser certaines habiletés tout en créant un lien affectif, durable et joyeux.

fique lorsqu'il répond aux désirs de l'enfant et obéit à son initiative. Les bébés ont des cycles d'activité et de repos bien distincts. Les périodes où l'enfant est alerte et réceptif constituent le meilleur moment pour le jeu, par exemple, frapper sur des jouets, faire rouler des balles, entamer des chansons ou grimper. Les jeux plus passifs comme l'observation des ombres des arbres, écouter des chansons ou s'installer bien au chaud dans le lit avec un livre sont préférables lorsque le petit est un peu moins éveillé. Ces deux types de jeu sont importants et ce qui compte d'abord et avant tout, c'est de pratiquer la bonne activité au bon moment.

La spontanéité peut rendre le jeu encore plus amusant et valorisant et vous trouverez des occasions à tout moment. Intégrez un jeu de cache-cache pendant les changements de

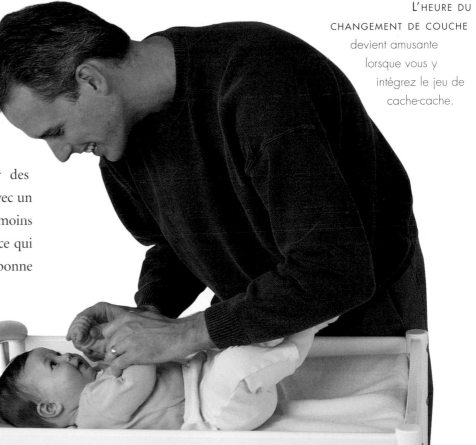

L'HEURE DU CHANGEMENT DE COUCHE devient amusante lorsque vous y intégrez le jeu de cache-cache.

LES JEUX

décrivent plus d'une centaine d'activités, toutes conçues pour encourager la participation et la stimulation de votre bébé durant sa première année et pour que le temps que vous passez à jouer avec votre enfant soit le plus enrichissant possible. Vous trouverez des suggestions pour toutes les formes de jeu imaginables, à partir des grimaces et de la cachette jusqu'aux jeux dans la baignoire et aux chansons absurdes. Il vous restera à choisir les jeux qui correspondent le mieux aux intérêts et aux humeurs de votre enfant. Toutes ces activités, peu structurées, sont réalisables avec un minimum d'équipement et un maximum de tendresse. Nous vous invitons à parcourir ces pages afin de voir quelles sont les expériences intéressantes pour vous et votre enfant. Que le jeu commence!

GUIDE DES ACTIVITÉS

SI VOUS ÊTES COMME la plupart des nouveaux parents, vous avez probablement des trésors d'amour à donner, mais disposez de peu de temps. Pour y remédier, *Jouer avec Bébé* propose de nombreuses activités dans un format permettant une consultation rapide, ce qui permet aux parents occupés de se familiariser rapidement avec une foule d'activités ludiques. Cette présentation-éclair permet de trouver facilement les activités recherchées, de les comprendre et de les mettre rapidement en pratique. Vous passerez donc moins de temps à lire des directives et plus de temps à pratiquer des activités divertissantes avec votre enfant.

La rubrique **Conseils aux parents** *traite du développement de votre bébé et présente des conseils utiles sur la façon de composer avec certains des défis de la première année.*

Des photographies en couleurs *de bébés, souvent accompagnés d'un parent ou d'un membre plus âgé de la famille, illustrant chacune des activités décrites dans ce livre.*

La rubrique **Habiletés** *explique la caractéristique de développement de chaque jeu et comprend une liste de vérifications rapides des avantages offerts par ces activités.*

24

Pour consultation facile, chaque jeu est classé par genre, des divertissements pendant le changement de couches aux activités musicales et aux jeux dans la baignoire, de façon à ce que vous puissiez trouver rapidement une activité correspondant aux intérêts spécifiques de votre bébé.

Chacune des activités est accompagnée de directives sommaires, faciles à suivre, de même que de l'information sur la façon de varier les activités et quand il y a lieu, de les adapter pour qu'elles plaisent à votre bébé au fur et à mesure de sa croissance.

Les étiquettes d'âge indiquent le meilleur âge recommandé pour commencer chacune des activités. Ce livre est divisé en quatre catégories d'âges (pour plus de détails sur les phases de développement associées à chaque âge, voyez les pages d'introduction). Ces étiquettes présentent un guide exhaustif vous permettant de trouver une activité convenant à votre enfant. Toutefois, la plupart des activités proposées peuvent être adaptées avec succès aux bébés âgés de zéro à douze mois.

Les paroles des chansons, des chants et des rimes apparaissent sur un fond jaune et sont souvent accompagnées de suggestions illustrées de gestes de la main et du corps.

Les références croisées vous renvoient à des activités de même nature que votre bébé devrait également apprécier.

La rubrique **Rapports de recherche** *souligne des découvertes scientifiques récentes sur le développement et l'apprentissage des bébés au cours de leur première année d'existence.*

25

DE LA NAISSANCE
0
ET PLUS

MOUVEMENTS DE VA-ET-VIENT

PROMENADES SUR LES GENOUX ET BERCEUSES

HABILETÉS

La stimulation sensorielle *que procure cette activité, le son de votre voix, la sensation de vos mains et la vue de votre visage sont autant de facteurs rassurants pour votre bébé. Cette activité peut même l'endormir et lorsque l'enfant approchera l'âge de trois mois, vos sourires et vos paroles pourraient faire en sorte qu'il réagisse en gazouillant et en affichant un large sourire en retour.*

Conscience du corps	✔
Écoute	✔
Développement visuel	✔

SI VOTRE BÉBÉ AIME CETTE ACTIVITÉ, essayez aussi *Balancement dans une couverture*, en page 48. ▶

IL AIMERA ENTENDRE votre voix, sentir votre toucher et se faire bercer d'un côté à l'autre, de façon rythmée. Il est possible de combiner ces trois éléments réconfortants en utilisant vos genoux comme berceau et votre voix pour la berceuse. Asseyez-vous dans une chaise en tenant le bébé sur vos cuisses, ses pieds en direction de votre estomac. Bercez sa tête avec vos mains et balancez légèrement votre corps d'un côté à l'autre pendant que vous lui parlez ou que vous chantez.

FIXEZ L'ENFANT DANS LES YEUX pendant que vous le bercez de gauche à droite; c'est ce qui permet de développer les liens les plus étroits.

26

JOUER AVEC DES POMPONS

UN JEU TACTILE ET VISUEL

LES BÉBÉS NE VIENNENT PAS au monde avec la capacité de localiser visuellement un objet et n'ont pas conscience de la façon dont les objets se déplacent dans l'espace, car ce sont des habiletés qui sont longues à développer. Ce jeu tout en douceur attirera l'attention de votre bébé, stimulera ses sens et le fera éventuellement sourire.

• Rassemblez quelques pompons de grande taille et aux couleurs vives ou de petits animaux en peluche. Attirez l'attention de l'enfant en tenant le jouet à une distance de 77 à 97 cm (12 à15") au-dessus de son visage et déplacez lentement le jouet d'un côté à l'autre en prenant soin de respecter sa capacité de suivre l'objet des yeux.

• Essayez de soulever lentement l'objet en le faisant bouger de haut en bas afin qu'il le voie se déplacer d'une distance rapprochée à une distance éloignée. Assurez-vous de ne pas laisser le bébé sans surveillance lorsqu'il y a de petits objets à sa portée.

HABILETÉS

L'observation d'un objet aux couleurs vives *se déplaçant d'un côté à l'autre et de bas en haut favorise le renforcement des muscles oculaires de votre bébé. Ainsi, il pourra localiser des objets et concentrer son attention à différentes distances, une faculté qui nécessite une «convergence visuelle», ce qui veut dire que les deux yeux travaillent simultanément. Le fait de sentir les pompons toucher délicatement sa poitrine, son visage et ses membres lui permet de découvrir de nouvelles textures.*

✓ **Stimulation tactile**

✓ **Développement visuel**

✓ **Localisation visuelle**

UN PETIT POMPON DE COULEUR JAUNE
est fascinant pour un bébé, spécialement lorsqu'il effleure sa peau.

27

MASSAGE POUR BÉBÉ

LA DÉTENTE PAR LE TOUCHER

HABILETÉS

Le toucher est profondément rassurant *pour les bébés, particulièrement lorsqu'il est exercé calmement et en douceur. Un massage doux stimule la circulation de votre bébé, sa notion du toucher et lui fait prendre conscience de son corps. Regarder et parler à votre bébé permettra de solidifier votre lien affectif fondamental.*

Conscience de son corps	✔
Développement affectif	✔
Développement social	✔
Stimulation tactile	✔

Depuis des milliers d'années, **TOUTES LES CUTURES** du monde ont pratiqué différentes formes de massage sur les enfants en bas âge. Il existe des cours et des livres sur ce sujet, mais vous pouvez aussi pratiquer des formes de massage très simples à la maison avec votre bébé. Choisissez une chambre suffisamment chaude ou un coin ensoleillé et installez l'enfant sur un lit ou un tapis. Retirez tous ses vêtements à l'exception de sa couche ou massez-le nu sur une serviette ou un autre morceau de tissu épais. Si vous le désirez, vous pouvez utiliser une huile végétale à l'amande ou à l'abricot, mais assurez-vous d'éviter d'utiliser de l'huile pour bébé ou d'autres produits à base de pétrole.

• Au moyen d'un mouvement semblable à la traite d'une vache, exercez une légère pression sur chaque bras et chaque jambe de l'enfant. Déplacez vos mains à partir du centre de sa poitrine jusqu'à ses côtés ou effleurez sa peau du bout des doigts tout en lui parlant ou en chantant.

• Placez vos doigts sur ses tempes et tracez doucement de très petits cercles, puis placez le bout de vos doigts au centre de son front et faites-les glisser lentement le long de ses cils. Essayez de bouger vos pouces le long de l'arête de son nez jusqu'autour de ses narines, puis vers les coins (commissures) de sa bouche.

VOTRE ENFANT AIME SENTIR, votre toucher, regarder vos yeux et entendre votre voix.

«Le toucher», *écrit Theresa Caplain dans son ouvrage classique «Les douze premiers mois de l'existence» est «presque un langage pour les bébés». De nombreuses études ont effectivement démontré que le fait de toucher à votre bébé, de le tenir, de l'embrasser et de le caresser contribue à approfondir l'attachement entre vous et l'enfant. Le toucher a également des vertus physiologiques. Les résultats des recherches indiquent que les bébés qui sont touchés ont des fonctions immunitaires supérieures, un meilleur développement musculaire et que leur organisme produit une plus grande quantité d'hormones de croissance.*

LES PLEURS ET LES COLIQUES

L ES PLEURS de votre bébé finiront par vous sembler aussi familiers que la forme de ses orteils, ce qui ne facilitera pas votre relation avec lui. Certains jours, vous n'éprouverez pour lui que de la sympathie, mais à d'autres moments, votre patience sera mise à rude épreuve.

Les bébés pleurent en réaction à des expériences désagréables comme la faim, la solitude, la fatigue, la douleur ou lorsqu'ils ont trop chaud ou trop froid. Certains chercheurs croient également que les bébés de trois à six semaines pleurent en début de soirée afin de se défouler, suite à une journée longue et épuisante.

Un enfant sujet à des coliques aura tendance à pleurer plus souvent et plus régulièrement qu'un autre; les chercheurs ne savent pas ce qui cause les coliques. Les bébés sujets aux coliques peuvent avoir des systèmes digestifs immatures ou de la difficulté à composer avec les stimulations du monde extérieur. Peu importe la cause, même les parents les plus attentionnés peuvent se sentir dépassés, anxieux ou même éprouver de la colère face aux pleurs incessants et stridents d'un bébé souffrant de coliques.

Bien que des gens puissent vous dire de laisser l'enfant «pleurer tout son soûl», la plupart des pédiatres actuels sont en désaccord avec cette façon de faire.

Lorsque vous réconfortez votre bébé ou du moins que vous tentez de le faire, ceci lui indique qu'il peut compter sur vous et sa détresse finira par s'estomper.

Voici quelques suggestions pour calmer votre bébé : si un rot, un changement de couche ou nourrir l'enfant n'améliore pas la situation, essayez le mouvement (comme promener le bébé dans une poussette ou dans un porte-bébé frontal, le bercer ou danser). L'air frais peut calmer un bébé et faire cesser ses pleurs. De plus, les bébés aiment souvent être emmaillotés.

Voici maintenant ce que vous pouvez faire pour vous-même. Essayez de rattraper le sommeil perdu, car la fatigue rend les parents plus vulnérables à la dépression et aux sautes d'humeur, ce qui donne moins envie de répondre avec empressement aux demandes de votre bébé. Demandez à une personne fiable de votre entourage de surveiller le bébé pendant que vous prenez une douche ou une marche. N'ayez pas le sentiment d'abandonner votre enfant, mais pensez plutôt à refaire le plein énergie.

30

VIENS DANSER, MON BÉBÉ

DE LA NAISSANCE
0
ET PLUS

RYTHMES ET APAISEMENTS

I L A ÉTÉ BERCÉ ET BALANCÉ dans l'utérus pendant neuf longs mois et sa nouvelle vie devrait également être remplie de mouvements stimulants. Danser avec un jeune bébé est un moyen extraordinaire de le calmer et de le faire se sentir aimé. Tenez prudemment votre enfant sur votre poitrine et dansez lentement et doucement autour de la chambre sur un air de n'importe quel genre musical, qu'il s'agisse de classique, de country, de gospel ou même de rock (mais pas trop bruyant, quand même). Le geste reproduira les mouvements qu'il a ressentis lorsqu'il était dans l'utérus et stimulera son sens de l'équilibre.

DANS PLUSIEURS ANNÉES,
vous et votre enfant vous remémorerez
les chansons qui l'auront apaisé.

HABILETÉS

Bien que le mouvement *puisse lui sembler familier, être tenu dans vos bras est une expérience encore toute nouvelle et excitante. L'audition musicale stimulera son sens de l'écoute et votre balancement et vos pas stimuleront son sens de l'équilibre naissant. De plus, le fait de danser ensemble et de vous regarder dans les yeux fera des merveilles pour son développement social et affectif.*

✔	**Développement affectif**
✔	**Écoute**
✔	**Exploration rythmique**
✔	**Développement social**

31

Les visages de leurs parents et les sons qu'ils émettent ne constituent pas uniquement une source de divertissement pour les bébés, mais leur permettent également de se sentir plus en sécurité. Une étude menée par l'Université du Delaware révèle que les enfants dont les mères avaient des expressions faciales plus animées étaient plus attachées à leur mère que les autres. Plusieurs études démontrent également que les enfants de mères dépressives ou plus introverties sont moins affectueux et moins expressifs.

LE REGARD, lorsqu'il est bienveillant et réceptif est un facteur important dans l'établissement d'un lien affectif.

EXPRESSIONS FACIALES

REGARDER, APPRENDRE, AIMER

Les activités que vous pratiquerez avec votre bébé **NE DOIVENT PAS TOUTES** être vigoureuses ou même actives, car il est également important de prévoir des périodes de tranquillité. Les bébés, et plus particulièrement les nouveau-nés, sont facilement trop stimulés. L'intimité entre le parent et l'enfant dépend autant du toucher et du contact visuel que des rires, des chatouillements et des jouets. Autrement dit, le temps consacré à regarder simplement votre bébé dans les yeux est profitable, car il vous permet de vous détendre et d'établir un lien affectif.

• Choisissez un moment où votre enfant est alerte et réceptif et bercez-le dans vos bras, installez-le sur vos genoux ou allongez-le sur une table à langer ou au sol sur une couverture douce.

• Lorsqu'il vous regarde, fixez-le dans les yeux et parlez ou fredonnez son nom d'une voix douce. Initiez-le à certaines expressions faciales en souriant, en ouvrant la bouche au maximum, en relevant les sourcils, en tirant la langue, puis contentez-vous ensuite de le regarder et de prononcer doucement son nom.

• Votre bébé pourrait vous surprendre en imitant vos expressions. Même le plus petit bébé essaie parfois de reproduire les expressions faciales de la personne qui prend soin de lui. Cependant, s'il devient impatient ou détourne le regard à plusieurs reprises, cessez cette activité, car les bébés ont besoin de recul pour assimiler toutes les expériences qu'ils ont accumulées.

SI VOTRE BÉBÉ AIME CETTE ACTIVITÉ, essayez aussi *Qui est-ce?, en page 43.* ▶

HABILETÉS

Vous avez peut-être remarqué *que votre bébé a commencé à scruter votre visage et à déplacer son regard de votre chevelure jusqu'à votre menton et ce, dès sa naissance.*

C'est la preuve que les visages sont très importants pour les jeunes bébés. L'observation de votre visage et de ses expressions lui permet de développer un attachement profond envers vous et d'acquérir des notions quant aux manifestations affectives.

✔	**Développement affectif**
✔	**Écoute**
✔	**Développement social**
✔	**Développement visuel**

LES BERCEUSES

IL EST DIFFICILE D'EXPLIQUER pourquoi des mélodies simples permettent d'apaiser des enfants, mais bon nombre de générations de parents ont chanté des berceuses à leurs petits et autant de générations d'enfants ont été bercées. Plusieurs de ces berceuses semblent supplier les bébés de tomber endormis, mais toute chanson calme, chantée avec douceur est de nature à favoriser le sommeil d'un bébé, sinon le détendre s'il est trop stimulé.

BERCEUSE

 La berceuse de Brahms

**Bonne nuit,
Cher trésor,
Ferme tes yeux et dors.
Laisse ta tête, s'envoler,
Au creux de ton oreiller.**

**Un beau rêve passera,
Et tu l'attraperas.
Un beau rêve passera,
Et tu le retiendras.**

PEU IMPORTE qu'elle soit chantée par un membre plus âgé de la famille ou un parent, une chanson douce est une méthode éprouvée pour calmer les enfants.

34

C'EST LA POULETTE GRISE

C'est la poulette grise
Qui a pondue dans l'église
Elle a pondu un p'tit coco
Pour le bel enfant
Qui va faire dodo
Dodiche dodo

C'est la poulette blanche
Qui a pondue dans la grange
Elle a pondu un p'tit coco
Pour le bel enfant
Qui va faire dodo
Dodiche dodo

C'est la poulette noire
Qui a pondue dans l'armoire
Elle a pondu un p'tit coco
Pour le bel enfant
Qui va faire dodo
Dodiche dodo

FERME TES JOLIS YEUX

Ferme tes jolis yeux
Car les heures sont brèves
Au pays merveilleux
Au beau pays du rêve
Ferme tes jolis yeux
Car tout n'est que mensonge
Le bonheur n'est qu'un songe
Ferme tes jolis yeux.

CHANTER UNE CHANSON
pour endormir votre bébé apaise
et l'enfant et le parent.

35

DE LA NAISSANCE
0
ET PLUS

LE JEU DU MOUCHOIR

UN JEU DE LOCALISATION D'OBJET

HABILETÉS

Observer un mouchoir *ou un morceau de tissu qui avance et qui recule peut aider à développer les facultés d'un bébé de cet âge à localiser visuellement et à se concentrer sur des objets. Cependant, au bout de trois mois, l'enfant ne pourra résister à la tentation d'essayer d'attraper le mouchoir. Lorsqu'il aura atteint l'âge de six mois, il essaiera de se mettre l'objet dans la bouche dès qu'il sera parvenu à le saisir avec ses petites mains.*

| Écoute | ✔ |
| Stimulation visuelle | ✔ |

L'UN DES SECRETS LES MIEUX GARDÉS en ce qui concerne le jeu avec les jeunes bébés, c'est qu'il n'est pas nécessaire d'utiliser des jouets sophistiqués munis de clochettes et de gadgets électroniques. En fait, il arrive qu'un mouchoir ou une écharpe aux couleurs vives fasse parfaitement l'affaire. Installez votre bébé sur le dos au sol ou sur la table à langer. Tenez une écharpe, un mouchoir ou un tissu léger à une distance d'environ 77 cm (12") au-dessus de sa tête, puis approchez l'objet de l'enfant et éloignez-le en le soulevant et rabaissez-le de nouveau. Chantez ou appelez son nom d'une voix douce tout en agitant le mouchoir.

UNE ÉCHARPE AUX COULEURS VIVES
ou un morceau de tissu agité devant l'enfant produit un effet de brise amusant et votre bébé suivra l'objet des yeux avec fascination.

36

METTRE LA MAIN À LA PÂTE

L'HEURE DU JEU ET L'HEURE DU TRAVAIL

VOUS NE POUVEZ VOUS PERMETTRE DE JOUER avec votre bébé à longueur de journée, car vous aurez besoin, l'un comme l'autre, de périodes de repos. Toutefois, il adorera rester tout près de vous pendant que vous mènerez à bien les tâches ménagères comme le balayage, la vaisselle, que vous ferez l'épicerie ou que vous ramasserez les feuilles ou planterez des fleurs. Installez-le confortablement dans un porte-bébé frontal et mettez-vous à la tâche. Chantez ou parlez-lui pour le calmer. Le rythme de vos mouvements pourrait le faire tomber endormi. Chose certaine, vous serez content d'avoir accompli quelques-unes de vos tâches ménagères.

HABILETÉS

Après avoir passé *neuf mois dans l'utérus, votre absence peut s'avérer déconcertante pour un très jeune bébé. En le gardant près de vous toute la journée, il se sentira suffisamment en sécurité pour développer un sentiment de confiance, ce qui représente un élément clé de son évolution sociale et émotionnelle. Au fur et à mesure que votre enfant vieillira, il aimera vous observer dans vos tâches quotidiennes et voudra même tenter de vous aider, croyant qu'il s'agit d'un jeu.*

| ✔ | **Développement affectif** |
| ✔ | **Développement social** |

JE BALAIE, JE BALAIE
et tu dors. L'enfant sera porté à s'endormir en vous écoutant chanter et en se laissant bercer par vos mouvements rythmiques.

37

DE LA NAISSANCE · ET PLUS · 0

• JOUER DANS LE BAIN • JEUX PENDANT LE CHANGEMENT DE LA COUCHE • MUSIQUE ET MOUVEMENT • ACTIVITÉS PHYSIQUES • PLAISIR TACTILE

L'ART EN LIGNE

OBSERVER, TOUCHER ET FRAPPER DU PIED

HABILETÉS

Présenter des objets intéressants *ou des portraits de visages produit une stimulation visuelle. Toutefois, ces objets sont habituellement station-naires et offrent peu de possibilités d'interaction. Si vous restez près du lit et que vous bougez et parlez de ces objets, l'enfant sera attentif et vous aurez une belle occasion d'interagir. D'ici quelques mois, votre bébé ten-tera de frapper les objets avec ses mains ou ses pieds et sera tout con-tent de les faire danser.*

DOTÉ D'UNE ACUITÉ VISUELLE RAPPROCHÉE fonctionnant à merveille, mais qui devient embrouillée lorsque les objets sont à une distance supérieure, le nouveau-né est davantage en harmonie avec les objets et les mouvements qui se trouvent à une courte dis-tance. Vous avez le choix de vous procurer un centre d'activités pour bébé ou de créer un arrangement visuel attirant pour votre enfant en utilisant des objets se trouvant dans la maison.

• Fixez des attaches de reliure en plastique de grande dimension sur une corde.

• Accrochez des images, des balles de tissu, des hochets, des boucles ou de petits jouets en peluche et fixez-les solidement au-dessus du berceau ou de la table à langer.

• Déplacez légèrement les jouets et parlez de chacun d'eux à votre enfant. Observez votre petit fixer avec intérêt chacun des jouets aux couleurs vives.

• Lorsque l'attention de l'enfant diminue, qu'il rouspète ou détourne le regard, enlevez les décorations. Vous pourrez les remettre en place et jouer une autre fois. Assurez-vous que les objets ne tombent pas dans le berceau et surtout de ne jamais laisser le bébé sans surveillance en présence d'objets suspendus.

Coordination œil-main	✔
Relation spatiale	✔
Stimulation visuelle	✔

CES JOUETS INVITANTS sont suffisamment proches pour qu'il puisse les examiner et juste assez loin pour l'attirer lorsqu'il commencera à vouloir atteindre les objets.

38

• JOUER DANS LE BAIN • JEUX PENDANT LE CHANGEMENT DE LA COUCHE • MUSIQUE ET MOUVEMENT • **ACTIVITÉS PHYSIQUES** • PLAISIR TACTILE

REDRESSEMENTS ASSIS POUR BÉBÉ

LES PREMIÈRES SÉANCES D'EXERCICES

HABILETÉS

Tous les bébés apprennent *à tenir leur tête droite, bien sûr, mais des exercices légers comme celui que nous vous proposons aide à renforcer les muscles du torse et du haut du corps. Ils donnent également un aperçu à votre bébé des découvertes qui l'attendent. Une fois qu'il sera parvenu à tenir sa tête droite, il sera en mesure de décider ce qu'il veut regarder et combien de temps il désire le faire.*

LA TÊTE DES NOUVEAU-NÉS est très grosse en comparaison de leur corps. Cette lourdeur ainsi que le fait que les muscles de leur cou soient faibles font en sorte qu'ils ne peuvent tenir leur tête droite que très brièvement. Vous pouvez aider votre bébé à s'asseoir et à renforcer ses muscles au moyen d'un jeu simple. Allongez votre bébé sur le dos, sur une couverture et utilisez-la comme un baudrier. Soulevez-le légèrement, puis abaissez-le de nouveau.

VOTRE BÉBÉ ADORERA
vous regarder et profitera
d'une séance d'exercices
légers!

Équilibre	✔
Conscience du corps	✔
Force du haut du corps	✔

DES BALLONS BONDISSANTS

DE LA NAISSANCE

0

ET PLUS

LA CAPACITÉ d'un bébé de voir au loin n'est pas très développée lors des premiers mois, mais ça ne l'empêche pas d'être fasciné par le monde visuel. Offrez-lui quelque chose d'amusant à regarder en tenant un ballon ou deux en Mylar, de façon à ce qu'il puisse les voir (un bébé ne devrait jamais être laissé sans surveillance avec des ballons ou des cordes). Vous verrez le regard de votre enfant s'émerveiller devant ces ballons qui s'agitent au vent. Vous pouvez essayer de souffler sur les ballons et de tirer sur leurs cordes afin d'intensifier les mouvements.

HABILETÉS

L'observation *de ballons en mouvement aide votre enfant à développer ses facultés visuelles, tant au niveau de la concentration que de la localisation. En parlant à votre bébé et en tirant sur les ballons, vous rendrez ce jeu interactif et renforcerez vos liens.*

MÊME LES NOUVEAU-NÉS
aiment regarder des ballons.

| ✔ | **Développement social** |
| ✔ | **Développement visuel** |

41

«Qui est ce petit bébé?»

42

QUI EST-CE ?

AUTO-RÉFLECTION

LES NOUVEAU-NÉS SONT PLUS attirés par de véritables visages humains que tout autre objet visuel, y compris les hochets, les formes géographiques ou même des dessins de visages humains. Au cours de ses premières semaines d'existence, un bébé fixera des visages même s'il ne sait pas qu'ils appartiennent, comme lui, au genre humain. Il sera donc fasciné par sa propre réflexion dans un miroir à main, même s'il n'a aucune idée de qui il s'agit. Pointez du doigt le bébé dans le miroir et dites son nom. Au fur et à mesure des semaines, la réflexion de l'enfant lui fera poser son premier geste de sociabilité, soit une grimace espiègle.

UN MIROIR PROCURE une expérience amusante à toute la famille.

HABILETÉS

Un bébé n'est pas en mesure *de se reconnaître dans un miroir jusqu'à l'âge d'environ quinze mois. Toutefois, même durant les premiers mois, se regarder dans le miroir lui apprendra à se concentrer visuellement et à localiser des objets ainsi qu'à explorer le côté social des visages. Il finira par être capable de s'identifier lui-même comme étant un bébé et un individu unique.*

✔	**Développement affectif**
✔	**Développement social**
✔	**Développement visuel**

SI VOTE BÉBÉ AIME CETTE ACTIVITÉ, essayez *Expressions faciales, en page 32.*

DE LA NAISSANCE
0
ET PLUS

BÉBÉ PLANEUR

LE PLAISIR DE VOLER ET DE REGARDER DE HAUT

HABILETÉS

Les parents de tous les coins du monde *passent de longues heures à réconforter les bébés souffrant de coliques en les balançant doucement de l'avant à l'arrière dans une position «d'avion». La pression régulière exercée sur le ventre du bébé lui procure une chaleur bienfaisante et une stimulation tactile. Au cours des semaines suivantes, l'enfant se pratiquera à soulever sa tête, son cou et ses épaules afin de regarder autour de lui et d'agrandir son champ de vision.*

Stimulation tactile	✔
Confiance	✔
Force du haut du corps	✔

SI VOTRE BÉBÉ AIME CETTE ACTIVITÉ, essayez aussi *Viens danser, mon bébé,* en page 31.

VOUS AVEZ PEUT-ÊTRE DÉJÀ constaté que le fait de tenir votre bébé comme s'il était un «avion» ou un «ballon de football» lorsqu'il a des gaz, qu'il est surexcité ou simplement fatigué, avait sur lui un effet apaisant. Un mouvement de balancement ou de bercement combiné à une chanson rythmée et à une prise autour de la taille a parfois un effet encore plus calmant. Soutenez votre bébé, le ventre vers le bas, en le tenant sous sa poitrine et son ventre avec un ou deux bras (assurez-vous de toujours tenir sa tête), puis bercez-le doucement en lui chantant une chanson rythmée.

AVEC UN PEU DE VENT sur sa chevelure ténue et le bras de sa maman qui le soutient, bébé sera gai comme un pinson.

CHATOUILLES ET TEXTURES

DE LA NAISSANCE
0
ET PLUS

EXPÉRIENCES TACTILES

LES NOUVEAU-NÉS n'aiment pas toujours être nus, car ils ont la peau sensible et trouvent l'air froid. Les bébés un peu plus âgés protestent souvent pendant le changement de couche parce qu'ils n'aiment pas être restreints dans leurs mouvements. Vous pouvez transformer l'heure du changement de couche en jeu et en activité d'apprentissage par l'intermédiaire d'expériences tactiles.

• Rassemblez plusieurs objets comportant des textures différentes, par exemple un échantillon de velours, des plumes ou une éponge propre humectée avec de l'eau tiède.

• Frottez doucement un objet sur la peau de votre bébé et observez sa réaction. Essayez un objet différent afin de voir lequel il préfère.

• Cette activité divertira votre enfant durant plusieurs mois. Quand il aura dépassé l'âge de neuf mois, il pourrait aller chercher les objets et vous les présenter pour que vous le chatouilliez.

Habiletés

La peau de votre bébé *est plus sensible au toucher qu'à tout autre moment de l'existence, car le toucher constitue l'un des premiers moyens d'exploration d'un bébé. Cette activité l'initie à une large gamme de textures et vous permet aussi de vous familiariser avec son langage corporel et d'y répondre. Réagir à son langage corporel l'aidera à développer un sentiment de sécurité, car l'enfant s'apercevra que ses besoins sont comblés.*

✔ **Conscience du corps**

✔ **Développement social**

✔ **Stimulation tactile**

LA TEXTURE D'UNE PLUME le fera se tortiller de plaisir.

SI VOTRE BÉBÉ AIME CETTE ACTIVITÉ, essayez aussi *Massage pour bébé, en page 28.*

45

CHANTER ET TOUCHER

VOTRE BÉBÉ ne réagira pas à un chatouillement par un rire avant d'atteindre l'âge de trois mois. Les jeux tactiles l'intrigueront quand même et l'aideront à prendre conscience de son propre corps. Il est également conseillé d'ajouter des chansons pour enfants à l'exercice, car un bébé possède une fascination innée pour la voix humaine.

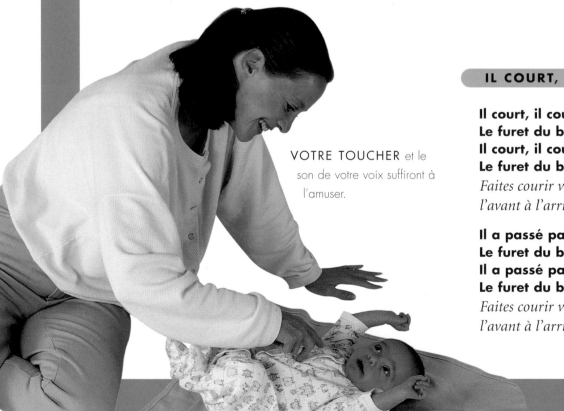

VOTRE TOUCHER et le son de votre voix suffiront à l'amuser.

IL COURT, IL COURT, LE FURET.

Il court, il court, le furet,
Le furet du bois, Mesdames,
Il court, il court, le furet,
Le furet du bois joli.
Faites courir vos doigts lentement de l'avant à l'arrière sur le corps du bébé.

Il a passé par ici
Le furet du bois, Mesdames,
Il a passé par ici
Le furet du bois joli!
Faites courir vos doigts lentement de l'avant à l'arrière sur le corps du bébé.

TÊTE, ÉPAULES

Tête, épaules, genoux, orteils,
Genoux, orteils
Genoux, orteils
Toucher les parties du corps nommées
Tête épaules genoux orteils,
Yeux nez bouche oreilles
Toucher les parties du corps nommées

AINSI FONT, FONT, FONT

Ainsi font, font, font
Les petites marionnettes
Ainsi font, font, font
Trois p'tits tours et puis s'en vont
Lever les mains et ouvrir et fermer les poings trois fois
Les mains aux côtés
Mettre les mains sur les côtés
Sautez, sautez, marionnettes
Soulever légèrement l'enfant
Les mains aux côtés
Mettre les mains sur les côtés
Marionnettes, recommencez.

ENTENDRE UNE CHANSON
SIMPLE dans les bras de papa
est toujours une fête.

SAVEZ-VOUS PLANTER LES CHOUX

Savez-vous planter les choux,
À la mode, à la mode,
Savez-vous planter les choux,
À la mode de chez nous?
On les plante avec le doigt
Faire un geste avec le doigt
À la mode, à la mode,
On les plante avec le doigt
Faire un geste avec le doigt
À la mode de chez nous.
On les plante avec le pied
Faire un geste avec le pied
À la mode, à la mode
On les plante avec le pied
Faire un geste avec le pied
Continuer la chanson avec d'autres parties du corps :
On les plante avec le genou.
On les plante avec le coude.
On les plante avec le nez.
On les plante avec la tête.

BALANCEMENT DANS UNE COUVERTURE

LE BONHEUR EST UN HAMAC

HABILETÉS

Le mouvement de bercement *que procure ce simple élan peut apaiser votre bébé. Il lui permettra également d'apprendre ce qu'est l'équilibre, ce qui lui sera utile pour s'asseoir, car le poids de son corps est transféré d'un côté à l'autre en réaction à l'élan. S'il essaie de soulever sa tête de la couverture, il renforcera les muscles de son cou et le fait de recevoir des sourires de deux visages attendris augmentera son sentiment de confiance.*

RIEN NE SAURAIT reproduire avec exactitude l'exquise sensation de légèreté, de mobilité et de chaleur que votre bébé a éprouvé à l'intérieur de l'utérus, mais vous pouvez tenter de la recréer en improvisant ce hamac simple pour bébé. Étendez votre bébé sur le dos sur une petite couverture et demandez à votre conjoint de tenir un des bouts pendant que vous tenez l'autre. Soulevez la couverture et balancez-la doucement de l'avant à l'arrière (vous avez le choix de rester debout ou de vous agenouiller). Modifiez la sensation de mouvement en soulevant lentement la couverture de haut en bas ou en soulevant un côté de la couverture pour soulever légèrement sa tête et abaisser ses jambes afin qu'il puisse s'asseoir et regarder autour de lui. Toutefois, c'est le mouvement, le contact visuel et le chant qui rendent cette activité amusante pour tous les participants.

SI VOTE BÉBÉ AIME CETTE ACTIVITÉ, essayez aussi *Viens danser, mon bébé,* en *page 31.*

Équilibre	✔
Développement social	✔
Confiance	✔
Force du haut du corps	✔

Tu voyages, tu voyages,

sur l'air de Vive le vent

Et tu montes au ciel,
Puis tu tombes comme un flocon,
Sur un drap de coton.

CE SIMPLE BERCEMENT est aussi relaxant pour un bébé qu'un hamac pour un adulte et il introduit l'enfant à des notions d'équilibre et de confiance.

SAVOIR S'ORGANISER

UNE FOIS QUE VOTRE BÉBÉ sera à la maison, celle-ci sera habitée par la présence d'un nouvel être précieux, mais se remplira aussi de toute une panoplie d'objets pour bébés et non seulement d'un berceau, d'une poussette et d'une table à langer, dont vous aurez prévu l'achat avant la date de naissance de l'enfant. Votre maison sera pleine de minuscules vêtements, de couches, de bouteilles, de produits médicinaux et de jouets. Le fait que la maison soit bien ordonnée ne constitue pas une priorité pour la plupart des nouveaux parents. Toutefois, il leur faut s'adapter au changement de situation et à une réorganisation des tâches domestiques. N'oubliez pas que vous ne serez plus en mesure d'en faire autant qu'avant l'arrivée du bébé. Soyez flexible et dressez des listes de tâches, mais ne vous culpabilisez pas trop si vous ne les accomplissez pas toutes.

Vous devrez conserver des couches de coton, des couches jetables, de l'onguent pour les éruptions cutanées et des vêtements de rechange à portée de la main, près de la table à langer, afin de ne pas laisser le bébé sans surveillance. Les débarbouillettes, savons et serviettes devront se trouver à proximité au moment du bain.

Les bas avec les bas : Vous pouvez utiliser des paniers ou des boîtes de plastique pour trier les jouets. Il est également utile de ranger les vêtements par ordre de grandeur et par saison et de mettre de côté tous les vêtements qui sont trop grands et susceptibles de servir plus tard. Un bon système de rangement vous facilitera la tâche et celle de toute autre personne chargée de garder l'enfant, car vous trouverez rapidement les vêtements appropriés.

Par une journée pluvieuse ou en cas d'imprévu : vous n'avez pas besoin de laisser sortis chacun des jouets, livres et articles vestimentaires que vous avez reçus. Les jouets destinés à un enfant de dix-huit mois peuvent être rangés; vous serez content d'avoir de nouveaux jouets à offrir à votre bébé en temps opportun. Les vêtements de plus grande taille peuvent être rangés dans un placard.

Mettez de l'ordre : vous ne pourrez effectuer toutes les tâches domestiques en une fois, mais vous y arriverez en accomplissant une partie chaque jour. Que le moment le plus propice s'avère en soirée quand le bébé dort (temporairement) ou pendant sa sieste de l'après-midi, une maison proprette peut s'avérer réconfortante pour un parent.

RUBANS ONDULÉS

DE LA NAISSANCE
ET PLUS
0

VISIONS CHARMANTES

BIEN AVANT QUE VOTRE BÉBÉ n'ait une envie folle de déchirer des emballages de papier, les rubans aiguiseront sa curiosité et capteront son attention. Utilisez du ruban masque et reliez des morceaux de rubans de six pouces (40 cm) de couleurs vives à un morceau de carton ou fixez-les solidement à une cuillère en bois. Allongez votre bébé sur le sol, la table à langer ou un siège d'auto pour bébé et agitez doucement les rubans autour de son visage et de ses mains. Lorsqu'il se mettra à donner des coups de pied et à agiter les bras, vous saurez qu'il est amusé par les couleurs, les textures et le mouvement.

HABILETÉS

À cet âge, *l'observation des rubans qui dansent de haut en bas et d'un côté à l'autre, aident votre bébé à développer ses aptitudes de localisation visuelle. Lorsqu'il sera plus âgé et commencera à vouloir s'emparer des objets, cette activité lui permettra d'exercer sa coordination œil-main et ses réflexes d'agrippement. Cela lui permettra aussi de voir la relation de cause (je frappe le ruban) à effet (le ruban se balance et rebondit.).*

✔	**Coordination œil-main**
✔	**Stimulation tactile**
✔	**Développement visuel**

IL EST ENCORE TROP JEUNE pour essayer de saisir des objets, mais il aime le mouvement.

REPÈRES SONORES

D'OÙ VIENT LA VOIX DE MAMAN ?

HABILETÉS

L'écoute et la tentative *de locali-sation de votre voix aident votre bébé à développer ses aptitudes de localisation visuelle et auditive. Il est également important de lui faire comprendre que sa famille lui pro-cure des sourires, des rires et des compliments. Une fois qu'il aura atteint l'âge de six mois, il sourira et rira lui aussi, et à partir de l'âge d'un an il tentera d'attirer votre attention en faisant des bruits amu-sants.*

LES BÉBÉS NAISSENT avec une fascination innée pour la voix humaine, mais n'ont pas la faculté de localiser immé-diatement l'origine d'un bruit dans une pièce. Pour aider votre enfant à affiner ses sens, essayez l'exercice suivant : placez l'enfant dans un siège d'auto pour enfant ou une chaise haute au milieu d'une pièce. Avancez et reculez devant lui pendant que vous chantez, que vous faites des bruits amusants ou que vous lui parlez. Essayez de marcher de l'autre côté de la pièce, puis revenez sur vos pas pour lui permettre de suivre le son de votre voix. Même s'il ne tourne pas la tête dans votre direction lorsqu'il entend votre voix, il percevra la différence lorsque vous avancerez et reculerez.

Écoute	✔
Développement social	✔
Développement visuel	✔

SI VOTRE BÉBÉ AIME CETTE ACTIVITÉ, essayez aussi *Qu'est-ce que ce petit cri aigu? en page 95.*

La majorité des parents *éprouvent un certain plaisir à affirmer que la personnalité de leur enfant – calme, turbulente, douce ou agressive - était prévisible de par son activité intra-utérine. Toutefois, ces liens entre le comportement prénatal et la personnalité postnatale sont-ils fondés? En fait, des chercheurs de l'Université Johns Hopkins ont découvert que plusieurs facteurs, incluant le rythme cardiaque et le mouvement à l'intérieur de l'utérus, peuvent réellement aider à prédire le comportement d'un enfant durant ses premiers mois d'existence. Les conclusions de cette étude démontrent que les fœtus plus actifs deviennent généralement des enfants plus animés et imprévisibles.*

DÉCOUVRIR D'OÙ VIENT LA VOIX DE MAMAN se transformera éventuellement en des jeux amusants comme la cachette.

REPÈRES VISUELS

LOCALISATION D'UN JOUET

HABILETÉS

Qu'est-ce que ce son? *Quel est ce mouvement? Votre bébé bouge la tête d'un côté à l'autre et apprend à localiser la provenance des bruits et à suivre des yeux les déplacements d'un objet. À l'âge d'environ 3 mois, il tentera d'agripper le jouet et à environ quatre mois, il parviendra à le saisir.*

Écoute	✔
Localisation visuelle	✔

◀ SI VOTRE BEBE AIME CETTE ACTIVITE, essayez aussi *Rubans ondulés en page 51.*

DÈS LEUR NAISSANCE, les bébés démontrent de l'intérêt pour les sons et les images. Déplacez lentement, de l'avant à l'arrière, un jouet de couleur vive et produisant un son aigu, devant votre bébé. Lorsqu'il fixe le jouet, déplacez-le vers la gauche, puis la droite. Essayez toutefois de ne pas aller trop vite, ni trop loin. S'il perd le jouet de vue, il s'imaginera tout simplement qu'il n'existe pas et perdra tout intérêt pour ce jeu.

L'ENFANT EST ENCORE TROP JEUNE pour atteindre ou s'emparer d'un objet, mais démontre beaucoup d'intérêt pour le son et le mouvement.

BERCER LE BÉBÉ

ÉQUILIBRE SUR UN TRAVERSIN

LORSQUE NOUS FAISONS ALLUSION au bercement, nous pensons habituellement à un bébé qui est couché sur le dos dans son berceau ou dans nos bras dans une chaise berçante. Se faire bercer doucement d'un côté à l'autre sur le ventre est un mouvement très apaisant pour un bébé. Roulez une couverture ou deux ensemble et allongez votre bébé sur le ventre sur les couvertures, de façon à ce que sa poitrine, son ventre et ses cuisses soient soutenues. Tournez sa tête d'un côté, puis balancez-le très doucement d'un côté à l'autre en chantant une chanson comme «Berce le bébé». Le mouvement de bercement aide l'enfant à développer son sens de l'équilibre et lui permet, alors qu'il est sur son ventre, de soulever sa tête à partir de la position couchée sur l'adomen.

LA PRESSION exercée sur son ventre peut s'avérer apaisante; le mouvement de bercement l'aide à acquérir un sens élémentaire de l'équilibre.

Berce le bébé

 sur l'air de **«Pomme de reinette»**

Berce le bébé
De gauche à droite
Et de droite à gauche
Berce le bébé
De gauche à droite
Berce-le comme ça.

Berce le bébé
De gauche à droite
Berce-le comme ça.

✔ **Équilibre**

✔ **Relation spatiale**

✔ **Force du haut du corps**

SI VOTRE BÉBÉ AIME CETTE ACTIVITÉ, essayez aussi *En équilibre sur un ballon de plage, en page 56.*

55

EN ÉQUILIBRE SUR UN BALLON DE PLAGE

UN JEU TRÈS STIMULANT

HABILETÉS

Rouler de l'avant à l'arrière *et d'un côté à l'autre stimule le sens d'équilibre du bébé. Au bout d'un mois, la plupart des bébés tenteront également de soulever la tête afin de voir ce qui se passe autour d'eux. Ce mouvement aide à renforcer le haut du corps. De plus, une pression légère sur le ventre aide les bébés aux prises avec des gaz ou des coliques.*

LES JEUNES BÉBÉS aiment rarement rester longtemps sur le ventre, mais certains d'entre eux trouvent agréable de s'étendre sur un objet de grande taille, doux et arrondi pendant un certain temps. Essayez d'installer votre bébé sur le ventre sur un ballon de plage légèrement dégonflé, puis en le tenant de façon sécuritaire, faites-le balancer de l'avant à l'arrière et d'un côté à l'autre du ballon. Chantez et parlez-lui pendant le jeu; ceci l'aidera à garder sa concentration pendant que le rythme modéré et la pression soulagent son ventre. Arrêtez lorsqu'il sera fatigué. Lorsqu'il sera un peu plus âgé et presque capable de s'asseoir de lui-même, vous pourrez le maintenir assis sur le dessus du ballon de plage et le faire bouger très doucement de haut en bas.

Équilibre	✔
Confiance	✔
Force du haut du corps	✔

DES COULEURS VIVES, une surface molle et une sensation délicieuse de roulement forment une combinaison gagnante.

SI VOTRE BÉBÉ AIME CETTE ACTIVITÉ, essayez aussi *Bercer le bébé, en page 55.*

« Laisse-toi bercer, mon bébé ! »

BRUITEURS

SENSATIONS SONORES

HABILETÉS

L'audition de différents sons *provenant d'objets suspendus aiguisera l'acuité auditive et les capacités de distinction visuelle de votre bébé. La vision de ces objets l'aidera à se concentrer et dans quelques mois, lorsque votre bébé sera capable de saisir des objets, cette activité l'encouragera à développer ses mouvements globaux.*

Coordination œil-main	✔
Écoute	✔
Développement visuel	✔

QUE LE SON soit familier, comme celui d'un mobile musical ou qu'il s'agisse d'une sonorité inconnue comme une nouvelle voix, les bruits suscitent la curiosité des plus jeunes bébés. Créez une symphonie de sons primitifs en attachant ensemble différents objets produisant des bruits : des couvercles de pots, des hochets légers ou des cuillères en plastique et en bois, sur une corde ou un ruban. Suspendez le bruiteur en l'agitant à une distance d'environ (30cm)12" devant votre bébé.

Vous pouvez aussi l'attacher après le berceau et laisser le bébé l'observer pendant que vous agitez la corde ou secouez légèrement les objets devant lui, mais ne le laissez pas seul avec ce genre de jouet.

LES SONNERIES, LES TINTEMENTS
et les cliquetis capteront son attention et l'aideront à se familiariser avec la provenance des sons.

ORNITHOLOGUES EN HERBE

DE LA NAISSANCE

0

ET PLUS

LE PREMIER COURS DE SCIENCES NATURELLES DE BÉBÉ

UN BATTEMENT D'AILES, une couleur éclatante, un sifflement ou un trille sont autant d'images et de sons susceptibles de fasciner la plupart des bébés. Le défi consiste à approcher l'enfant des oiseaux pour qu'il puisse les observer à loisir. Placez une mangeoire remplie de graines près du rebord d'une fenêtre. Lorsque les oiseaux commenceront à s'attrouper, prenez l'enfant dans vos bras et soulevez-le pour qu'il puisse regarder les oiseaux ou installez-le dans une chaise haute, d'où il pourra les regarder aller et venir. Très bientôt, il gazouillera de joie en observant ses amis à plumes.

ELLE ADORE OBSERVER
voltiger ces amusantes créatures volantes.

HABILETÉS

Un nouveau-né aura peine à distinguer clairement les oiseaux, mais l'enfant pourrait détecter un coloris aux contours flous ou un vague mouvement. Au fil des mois suivants, l'observation des oiseaux l'aidera à développer son sens de localisation visuelle et ses capacités d'attention. La curiosité dont il fait montre à l'égard des oiseaux témoigne de son éveil au monde qui l'entoure. Dans un an, croyez-le ou non, il vous suppliera de le laisser vous aider à remplir la mangeoire!

✔ **Écoute**

✔ **Développement visuel**

SI VOTRE BÉBÉ AIME CETTE ACTIVITÉ, essayez aussi *Rubans ondulés, en page 51.*

BÉBÉCYCLETTE

UNE ACTIVITÉ POUR PRENDRE CONSCIENCE DE SON CORPS

HABILETÉS

En remuant ses jambes *pour lui, vous permettrez à votre bébé de sentir ses petites jambes et ses petits pieds se déplacer d'une nouvelle façon, soit en parallèle de chaque côté de son corps. Vous pourrez aussi imiter un geste qu'il utilisera éventuellement lorsqu'il commencera à ramper.*

À SA NAISSANCE, votre bébé ignore que son corps est séparé du vôtre, mais l'évolution de ses aptitudes physiques l'amènera à s'intéresser de plus en plus aux parties de son propre corps, et cet intérêt se poursuivra durant un bon moment, même lorsqu'il aura commencé à marcher. Ces exercices lui permettront d'apprécier des jeux de nature plus physique, interactifs. Dans l'exercice simple proposé ici, vous devez bouger très doucement et très lentement ses jambes comme s'il s'agissait d'une bicyclette, tout en lui parlant et en lui souriant pour l'encourager à remuer ses jambes de lui-même. Dans peu de temps, il saisira ses propres pieds et finira par pédaler de lui-même!

Conscience du corps	✔
Mouvements globaux	✔

IL FAIT BON s'étirer et gigoter, surtout lorsque c'est maman qui dirige l'exercice.

SI VOTRE BÉBÉ AIME CETTE ACTIVITÉ, essayez aussi *Massage pour bébé, en page 28.*

«Regarde aller ces petites jambes!»

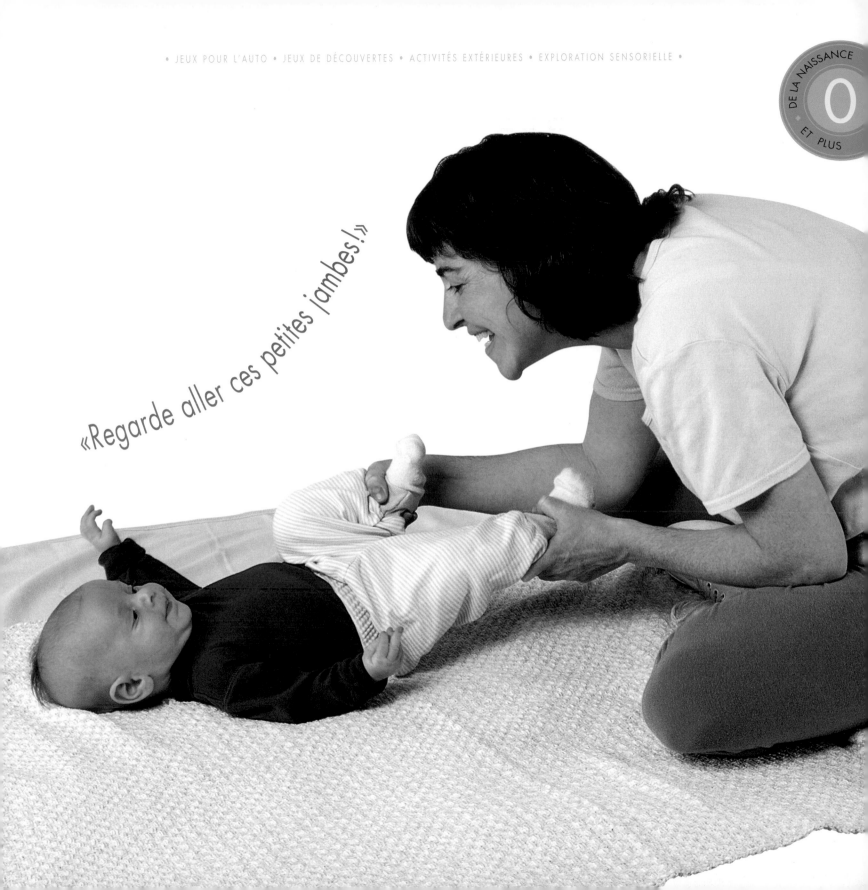

3 MOIS ET PLUS

SÉANCE D'ÉTIREMENTS

GYMNASTIQUE EN DOUCEUR

Je suis un p'tit bébé

 sur l'air de **«Sur le pont d'Avignon»**

**Tout doux, fragile et tout potelé
Quand je m'étire par devant
Je me sens devenir grand
Mes bras sont bien plus longs,
Mes jambes sont bien plus fortes,
Même si ça vous épate,
Je serai bientôt à quat' pattes.**

Conscience du corps	✔
Stimulation tactile	✔

A PRÈS AVOIR PASSÉ NEUF MOIS dans l'utérus, le nouveau-né a souvent tendance à s'accroupir en position de fœtus. De légers exercices d'étirement l'aideront à prendre conscience de ses petits bras et de ses petites jambes. Couchez votre bébé sur le dos sur un lit, une table à langer ou au sol et allongez très doucement ses bras au-dessus de sa tête, puis abaissez-les. Essayez de soulever un de ses bras pendant que vous abaissez l'autre le long de son corps, puis ramenez un bras vers le haut tout en allongeant prudemment la jambe opposée.

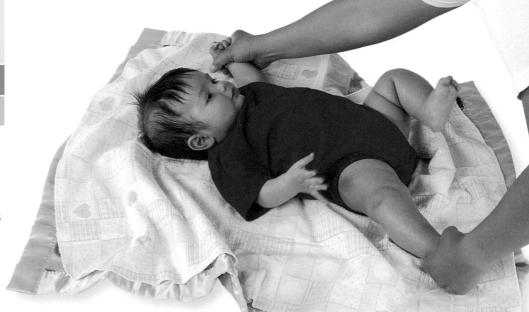

UN BRAS EN HAUT, une jambe en bas… un étirement léger est relaxant tant pour les bébés que pour les parents.

62

VISE LE JOUET

TOUS LES COUPS SONT PERMIS

VOTRE BÉBÉ POURRAIT ÊTRE CAPABLE de voir (à courte distance) aussi bien que vous, mais son habileté à saisir des objets est loin d'être comparable à la vôtre. Pour l'aider à se développer, attachez un jouet en peluche de petite taille ou un anneau de dentition à un ruban ou à des anneaux en plastique de couleurs vives. Faites pendre le jouet devant lui et balancez-le d'un côté à l'autre afin de l'inciter à essayer de s'en emparer. Encouragez-le dans ses efforts, alors qu'il essaie de rejoindre et de frapper ou même de s'emparer du jouet. **Ne laissez jamais un bébé seul avec un long ruban, cela pourrait s'avérer dangereux.**

LORSQUE VOTRE PETITE FILLE agrippe un chiot rose en peluche, elle développe son habileté à s'approcher et à établir un contact avec son univers.

HABILETÉS

Dès l'âge de trois mois, *la plupart des bébés se servent simultanément de leur tête et de leurs yeux pour localiser des objets en mouvement. Ainsi, quand un objet se déplace vers la gauche, le bébé tourne la tête vers la gauche pour suivre l'objet des yeux plutôt que de seulement bouger les yeux, comme le fait un nouveau-né. Toutefois, il a encore besoin de pratiquer sa capacité d'agrippement. Essayer d'atteindre un objet en mouvement l'aide à affiner la coordination des deux côtés de son corps.*

✔	**Coordination œil-main**
✔	**Motricité fine**
✔	**Développement visuel**

SI VOTRE BÉBÉ AIME CETTE ACTIVITÉ, essayez aussi *Des rebondissements à profusion, en page 98.*

3 MOIS ET PLUS

FAIS-MOI ROULER

EXERCICE DE MOUVEMENT

HABILETÉS

Apprendre à se rouler *nécessite habituellement plusieurs semaines de pratique à se bercer d'un côté à l'autre. Ce n'est que vers l'âge de cinq mois, généralement, que les enfants possèdent la force et la coordination nécessaires pour se tourner sur le ventre, puis sur le dos et vice-versa. Cette activité leur permet d'exercer les deux côtés de leur corps, ce qui est essentiel à ce mouvement de base.*

LES BÉBÉS NAISSENT sans savoir comment se retourner, même si on pourrait croire le contraire en les regardant se balancer et se tortiller sur la table à langer. Dans les faits, un bébé apprend à se retourner sur lui-même vers l'âge de cinq ou six mois. Permettez à votre enfant de bien entreprendre cette étape importante et de développer sa coordination bilatérale en l'aidant, qu'il soit sur le ventre ou sur le dos, à se retourner sur un côté. Placez-le sur le dos ou sur le ventre d'un côté de la serviette ou d'une couverture et soulevez-le un peu, de façon à ce qu'il puisse rouler sur le côté. Vous pouvez aussi le faire rouler de l'avant à l'arrière pour qu'il apprenne comment faire balancer son poids correctement. Vous pourriez devoir l'aider à soulever son bras afin qu'il ne puisse l'empêcher de commencer à rouler.

Équilibre	✔
Coordination bilatérale	✔
Conscience du corps	✔
Mouvements globaux	✔

SI VOTRE BÉBÉ AIME CETTE ACTIVITÉ, essayez aussi *Tic-tac, en page 82.*

TIRER DOUCEMENT sur la couverture permet à l'enfant de se déplacer dans la bonne direction.

EXERCICE DE TIR

ET HOP, UN BON BOTTÉ !

HABILETÉS

La coordination *œil-pied est importante pour les bébés. L'utilisation conjointe des pieds et des yeux permettra éventuellement à votre bébé d'apprendre à marcher et d'éviter de se cogner sur les meubles.*

I L A DÉJÀ DÉCOUVERT le plaisir d'agiter ses petites jambes. Donnez à votre bébé une raison pour donner des coups de pied en tenant une cible devant lui pour qu'il essaie de la frapper. Lorsqu'il est allongé sur le dos sur la table à langer, sur un lit ou au sol, placez un oreiller, un jouet en peluche, vos mains ou une assiette à tarte à portée de ses petits pieds. S'il ne comprend pas le jeu, guidez ses pieds vers la cible et félicitez-le lorsqu'il atteint la cible. Une fois qu'il aura compris comment ce jeu fonctionne, il voudra recommencer encore et encore.

Conscience du corps	✔
Coordination œil-pied	✔
Écoute	✔

IL VOIT SON PIED entrer en contact, il entend le bruit qui en résulte et il sent.

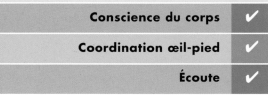

66

JEUX DE CACHE-CACHE

3 MOIS ET PLUS
3

VARIATIONS SUR UN THÈME

MAMAN EST LÀ, puis elle disparaît et revient à nouveau. Le jeu de cache-cache est un classique parmi les jeux favoris des bébés. Vers l'âge de six ou sept mois, les enfants commencent à comprendre que les objets continuent d'exister même lorsqu'ils ne les voient plus. Le jeu de cache-cache est un excellent moyen d'explorer ce concept avec votre enfant. Tenez une couverture ou une couche devant votre visage et dites : «Où est maman? Où est maman?» , puis montrez-vous en arrivant derrière l'enfant ou placez une serviette légère devant le visage de bébé et dites : «Coucou!» lorsque son visage apparaît.

HABILETÉS

Un nouveau-né croit *que lorsqu'un objet disparaît, il n'existe plus. Lorsque vous disparaissez et réapparaissez derrière la couche, il commence à croire que même si vous avez été absente temporairement, vous êtes toujours là. L'assimilation du concept de la conservation de l'image mentale est un élément précurseur du développement langagier. Lorsqu'il sera assez grand pour placer la couverture lui-même devant son visage (bien que dans le désordre), vous le verrez donner des coups de pied et se tortiller de plaisir, alors qu'il contrôle désormais le jeu de cache-cache.*

✔ **Permanence des objets**

✔ **Développement social**

«COUCOU!» C'est à la fois un soulagement et une surprise pour elle de constater que vous n'êtes jamais réellement partie.

67

BABILLER AVEC BÉBÉ

COURS DE LANGUE ÉLÉMENTAIRE

HABILETÉS

Répondre au *babillage de votre bébé l'encourage dans ses premiers efforts à communiquer en utilisant d'autres sons que des pleurs. Un renforcement positif de ses vocalisations lui fera comprendre que les gens accordent de l'importance à ce qu'il a à dire, ce qui l'encouragera, à long terme, à maîtriser le langage.*

Développement du langage	✔
Écoute	✔
Développement social	✔

SI VOTRE BÉBÉ AIME CETTE ACTIVITÉ, essayez aussi *De la joie avec des marionnettes à doigts, en page 123.*

UN BÉBÉ ÂGÉ DE TROIS À SIX MOIS est un être sociable et enjoué qui émet une multitude de joyeux gazouillis, de cris, de grognements et de sourires irrésistibles. Bien qu'il ne soit pas encore capable de prononcer de véritables mots (ce qui se produira lorsqu'il approchera douze mois), il émet ces sons charmants comme façon d'explorer ce qu'il entend chaque jour. Les réponses que vous formulerez suite à ces vocalisations seront également importantes pour son apprentissage. Encouragez ses efforts en entretenant une conversation de babillage avec lui.

• Lorsqu'il dit «aaah!» , prêtez l'oreille, approuvez de la tête et dites «aaah!» à votre tour et lorsqu'il fait «goo!» , dites «goo!» vous aussi.

• Une fois que vous êtes tous deux réchauffés, modifiez légèrement les mots en les étirant («bah! deviendra baaaaaaah!) ou en ajoutant d'autres mots («ooh!» deviendra oooh-ouah!» .

• Si vous encouragez votre enfant à vous imiter, cela l'amènera à essayer de nouvelles structures linguistiques plus complexes et éventuellement à tenter de prononcer de véritables mots, puis des phrases.

• **Nota** : L'emploi de ce langage de bébé n'est enrichissant que durant la période précédant celle où l'enfant commence véritablement à parler, car rendu à cette étape il est préférable de prononcer les mots de façon exacte, peu importe à quel point le langage de bébé peut vous sembler mignon.

3 MOIS
ET PLUS
3

RAPPORT DE RECHERCHE

Durant les six premiers mois, *les bébés babillent, peu importe que vous leur parliez ou non. Cependant, ils apprendront plus facilement à parler si vous faites un effort pour leur montrer comment fonctionne le langage. En fait, tous les bébés, quelle que soit la langue parlée à la maison, s'expriment de la même façon jusqu'à l'âge d'environ six mois. Ensuite, ils commencent à répéter les sons qu'ils entendent le plus souvent.*

IL ÉMETTRA DES CRIS PERÇANTS ET SE TORTILLERA de plaisir lorsqu'il se rendra compte que vous lui répondez dans le cadre de cette conversation élémentaire.

BÉBÉ DORT TOUTE LA NUIT

QUAND L'ENFANT aura atteint l'âge de trois ou quatre mois, il aura probablement développé une structure de sommeil. Il pourrait s'agir d'une structure idéale ou s'avérer le plus grand défi de votre existence, soit que le bébé se réveille à toute heure de la nuit, qu'il ne fasse jamais de sieste pendant plus d'une demi-heure le jour, qu'il inverse le jour (heure du réveil) et la nuit (heure du coucher) ou quelque chose entre les deux.

Pour que bébé ait un horaire de sommeil «normal» , vous devrez user du simple bon sens et d'une certaine logistique, ceci combiné à une bonne dose de patience et de courage.

Établissez un horaire pour le jour : des périodes de durée égale pour les sorties, les bains, le jeu et les repas. Cette régularité l'aidera à établir son horloge interne.

Établissez un horaire pour la nuit : un bain chaud, un pyjama confortable, une berceuse et quelques livres sont autant de formules éprouvées qui permettront à votre enfant de se détendre. Il n'est jamais trop tôt pour convaincre un bébé que manger la nuit est compliqué et ennuyant. Maintenez un éclairage faible, ne lui parlez pas trop, ne le laissez pas s'amuser avec ses jouets ou regarder la télévision et posez-le délicatement dans son berceau sur le dos dès qu'il est prêt à aller au lit.

Une fois que votre bébé aura atteint l'âge d'environ six mois, il n'aura pas vraiment besoin de manger la nuit. Certains parents choisissent d'opter pour le mode «laisser pleurer l'enfant» pendant quelques minutes, puis aller le réconforter et le laisser pleurer encore un peu. D'autres parents continueront de nourrir, de bercer, de marcher avec leur bébé ou de chanter en espérant que l'enfant dormira plus longtemps de lui-même. Avec le temps, la plupart des enfants apprennent à s'endormir d'eux-mêmes, ce qui constitue un atout important.

Quelle est la meilleure attitude à adopter ? Chaque famille représente un cas en soi et la formule magique, c'est que vous et votre bébé vous vous sentiez bien. Il s'agit là d'une décision très personnelle.

3 MOIS
ET PLUS

SUPPORT VENTRAL

RENFORCEMENT DU HAUT DU CORPS

APPRENDRE À S'ASSEOIR est beaucoup plus difficile que de garder la tête haute. Cet exercice fait également appel aux muscles des épaules, du torse, du bas et du haut du dos. Vous pouvez aider votre bébé à développer ces muscles en lui offrant un «coussin» moelleux comme support. Roulez une serviette et attachez les extrémités à des bandeaux serre-tête faits de tissu doux, puis glissez la serviette sous ses bras et sa poitrine pendant que votre enfant est allongé sur le ventre, au sol ou sur un tapis. Le support l'aide à soulever son cou et ses épaules pendant de plus longues périodes et l'encourage à utiliser ses bras pour se supporter. Cela lui permet aussi d'avoir une mcilleure vue sur son environnement et procure à ses parents une excellente occasion de le prendre en photo.

HABILETÉS

L'utilisation d'un support *comme celui-là habitue votre bébé à mettre du poids sur ses avant-bras et l'aide à renforcer les muscles de ses bras et de son dos, ce qui lui permettra éventuellement de s'asseoir et de se traîner à quatre pattes. De plus, cette position lui permet d'avoir une vision d'ensemble de son environnement et stimulera sa vision, lui donnant le goût d'essayer d'atteindre des objets, de rouler ou même de ramper vers l'avant.*

Ainsi perché sur sa poitrine, **IL PROFITERA D'UNE TOUTE** nouvelle perspective sur son monde.

✔	**Développement affectif**
✔	**Développement social**
✔	**Force du haut du corps**

SI VOTRE BÉBÉ AIME CETTE ACTIVITÉ, essayez aussi *Et hop sur le ventre!* en page 78.

71

VISAGES AMIS

UN LIVRE DE PHOTOS

HABILETÉS

La combinaison de ses facultés visuelles et son désir d'interaction avec les autres signifient que votre bébé est fasciné par les expressions faciales. Un livre rempli de visages différents lui permettra d'en observer un bon nombre. Il pourrait simplement les regarder, des yeux jusqu'à la bouche, puis revenir vers les yeux. Il se peut aussi qu'il essaie de pointer les images ou de leur parler.

FABRIQUEZ VOTRE PROPRE ALBUM

Vous pouvez créer votre propre album en collant des photos (provenant de revues ou de votre collection personnelle) sur des morceaux de carton épais. Préservez-les au moyen de papier contact transparent, de protège-documents ou placez-les simplement dans un album photos.

DÈS L'ÂGE DE TROIS MOIS, votre bébé appréciera les expressions faciales au point d'en sourire ou d'en rire. Il sera également en mesure de faire la différence entre les visages des gens qu'il aime et les visages qui lui sont inconnus. Voilà pourquoi votre bébé vous adresse ce large sourire par-dessus l'épaule d'une autre personne et que vos amis n'ont droit qu'à un bref regard solennel. C'est aussi pourquoi tout son corps gigote lorsque vous le regardez par-dessus la balustrade de son lit, le matin. Il reconnaît votre visage et l'aime déjà beaucoup. En donnant à votre bébé un livre rempli de photos de visages, que vous pouvez soit acheter, soit assembler vous-même, vous lui ferez découvrir une multitude de visages et les nombreuses émotions qui s'en dégagent.

Il est même possible qu'il ait ses préférés, par exemple un petit garçon joyeux qui tient un chiot dans ses mains ou une photo de papa qui a l'air penaud avec son chapeau de pêcheur sur la tête.

| Développement social | ✔ |
| Distinction visuelle | ✔ |

POINTER DU DOIGT LES GENS qui apparaissent dans les photos aide votre bébé à faire le lien entre les noms et les visages.

L'HEURE DE LA RIME

LES BERCEUSES CALMENT un bébé difficile, mais les comptines et autres chansons amusantes ont également leur importance. Elles apprennent à votre enfant que le chant et les variations vocales constituent aussi des éléments d'affection et de jeu. Elles sont également faciles à retenir puisqu'elles riment.

AH! VOUS DIRAI-JE, MAMAN

Ah! vous dirai-je, maman, ce qui cause mon tourment ?
Papa veut que je raisonne comm' une grande personne,
Moi je dis que les bonbons valent mieux que la raison.

RAME, RAME

Rame, rame, rame donc, le tour du monde, le tour du monde,
Rame, rame, rame donc, le tour du monde, nous le ferons.

À LA CHASSE NOUS IRONS

À la chasse nous irons, à la chasse nous irons,
un cerf nous attraperons et le relâcherons.

LE BON ROI DAGOBERT

Le bon roi Dagobert a mis sa culotte à l'envers.
Le grand saint Éloi lui dit :
Oh ! mon roi, votre Majesté est mal culottée.
C'est vrai, lui dit le roi, je vais la remettre à l'endroit.

LA SOUPE À MON AMI

La soupe à mon ami, j'en mangerai toujours.
D'la soupe, d'la p'tite soupe,
D'la moyenne soupe, d'la grande soupe,
Toutes sortes de soupes.
La soupe à mon ami, j'en mangerai toujours (répéter).

UNE SOURIS VERTE

Une souris verte,
Qui courait dans l'herbe,
Je l'attrape par la queue,
Je la montre à ces messieurs,

Ces messieurs me disent :
Trempez-la dans l'huile,
Trempez-la dans l'eau,
Vous aurez un escargot tout chaud.

LES COMPTINES familiarisent votre bébé avec l'idée que le langage, tout comme la musique, est rythmique.

75

LE JEU DU MIROIR

QUI EST DONC CE BÉBÉ ?

HABILETÉS

Observer son propre visage *et interagir avec son image reflétée dans le miroir augmente le développement de la conscience de votre bébé qu'il est une personne à part entière. S'allonger sur le ventre l'aidera à renforcer les muscles qui lui permettront de s'asseoir et de se promener à quatre pattes.*

UN BÉBÉ DE TROIS OU QUATRE MOIS arrive à une étape où il peut s'amuser de lui-même pendant plusieurs minutes, ce qui représente un progrès intéressant à la fois pour le bébé et pour les parents. Vous l'entendrez gazouiller à l'intention de ses orteils, tôt le matin, par exemple et vous le verrez se tripoter le visage avec les mains ou regarder attentivement chaque coin de la pièce. Vers l'âge d'environ quatre mois, non seulement votre bébé pourra voir, mais également localiser, ce qui veut dire qu'il sera en mesure d'observer le déplacement d'objets ou de personnes. Maintenant que votre bébé est capable de soulever sa tête pendant qu'il est sur le ventre, il s'amusera beaucoup si vous placez un miroir dans son berceau. Il ne comprend pas encore que l'image réfléchie par le miroir est le sien et n'y parviendra qu'autour de quinze à dix-huit mois. Toutefois, son visage s'illuminera d'un large sourire en voyant son propre visage, car il sera heureux d'être accueilli par un être aussi fascinant!

| Force du haut du corps | ✔ |
| Stimulation visuelle | ✔ |

SI VOTRE BÉBÉ AIME CETTE ACTIVITÉ, essayez aussi *Expressions faciales*, en page 33.

MIROIR, MIROIR, devant moi…dis-moi quelle est cette adorable créature que je vois? Votre bébé sera enchanté d'avoir ce nouveau compagnon de jeu, même s'il n'est pas en mesure de reconnaître son propre visage.

3 MOIS ET PLUS

ET HOP SUR LE VENTRE !

RENFORCEMENT DU COU ET DU DOS

HABILETÉS

Chaque moment *que votre bébé passe sur le ventre l'aide à développer sa force. Votre présence rassurante et la fierté que vous démontrez face à ses progrès (aussi modestes soient-ils) l'aident à apprendre que c'est une bonne chose pour lui de se tenir sur le ventre. Quand il se sentira inconfortable et que vous le retournerez sur le dos (comme vous devriez le faire), il se rendra compte une fois de plus que quelqu'un s'intéresse à ses efforts et y répond de façon positive.*

À **L'ÂGE DE TROIS MOIS,** certains bébés continuent de protester lorsqu'on les met sur le ventre. Cependant, il est extrêmement important qu'ils passent du temps dans cette position, car cela les aide à renforcer leur cou, leurs épaules et leurs muscles dorsaux afin de se préparer à s'asseoir et à se promener à quatre pattes.

• Vous ne devriez pas laisser votre bébé dans une position où il ne se sent pas bien, mais encouragez-le à apprécier de plus en plus cette position en vous allongeant devant lui, en plaçant un de ses jouets préférés en vue, en gardant avec lui un contact visuel et en socialisant un peu.

• S'il se met à improviser en se plaçant sur le ventre, encouragez-le à continuer. Éventuellement, il pourrait commencer à «agiter» ses mains et ses jambes avec fébrilité, par exemple ou raidir ses membres en se plaçant dans une position d'«avion» et se balancer de l'avant à l'arrière.

• Ne vous inquiétez pas s'il ne peut rester sur le ventre pendant plus d'une minute ou deux. Respectez son rythme et arrêtez l'exercice quand il en a assez. Vous pourrez recommencer plus tard. Bon nombre de bébés trouvent difficile la période où ils apprennent à se tenir sur le ventre, mais ils parviennent tous éventuellement à s'asseoir, à se promener à quatre pattes et à marcher.

Développement affectif	✔
Développement social	✔
Force du haut du corps	✔

SI MAMAN LE FAIT, il pourrait décider qu'il est NORMAL qu'il essaie de le faire un peu lui aussi.

«Je t'ai à l'œil, mon garçon.»

CHACUN SA PART

L EST ADMIS que dans la plupart des familles, c'est Maman qui s'occupe le plus des jeunes bébés. Malheureusement, plus elle en fait, plus elle et les autres membres de la famille ont l'impression qu'elle est la seule à le faire correctement. Voici quelques suggestions pour aider les autres membres de la famille à s'impliquer dans les jeux et les soins à prodiguer à votre bébé.

L'autre parent : si c'est la mère qui reste à la maison et que le père va travailler, elle change dix fois plus de couches que lui, prépare trois fois plus de repas et passe environ huit fois plus de temps à jouer avec bébé. Si les deux travaillent à l'extérieur, les statistiques démontrent que la mère passera tout de même plus de temps avec le bébé. Cette situation peut lui faire sentir qu'elle est l'experte en la matière et que son mari est maladroit.

Comment faire pour déléguer ? Expliquez à votre conjoint ce qu'il doit savoir au sujet de la sécurité du bébé (par exemple, que le bébé peut maintenant tomber en bas du lit), puis le laisser se débrouiller. Si la couche n'est pas assez serrée ou qu'il place le bébé dans une position qu'il n'aime pas, il s'apercevra vite de son erreur.

Les grands-parents : ils ont peut-être des idées différentes ou dépassées sur l'éducation des enfants ou ne se rappellent tout simplement plus comment faire. Toutefois, l'amour des grands-parents est précieux et votre enfant doit pouvoir en profiter. En expliquant ce qui est souhaitable et sécuritaire pour votre enfant, tout le monde devrait se sentir à l'aise. Laissez-leur savoir ce que votre bébé apprécie et exprimer leur amour à l'endroit de votre enfant.

Les gardiennes : les gardiennes régulières ont une bonne idée des jouets que votre bébé préfère, ce qui le rend heureux et les dangers qu'il court. Les gardiennes occasionnelles doivent être informées des goûts et des besoins du bébé. Indiquez à toute nouvelle gardienne où se trouvent les vêtements et les bouteilles additionnelles et la trousse de premiers soins. Laissez-leur des numéros de téléphone où ils pourront vous joindre en cas d'urgence, puis partez! Il est aussi important pour les parents que pour les bébés que les jeunes enfants soient en sécurité sous la garde d'autres adultes.

LA MAGIE DU MOULINET

UN VENT DE DÉCOUVERTE

À L'AGE DE QUATRE MOIS, la vue de votre bébé se sera développée de façon importante et il pourra contrôler sa tête et commencer à s'étirer pour essayer de toucher des objets. Cela veut dire qu'il est prêt et a hâte de découvrir les merveilles de ce vaste monde. Montrez-lui les magnifiques coloris aux contours flous qui s'animent lorsque vous soufflez sur un moulinet. Il ne sera pas capable de souffler lui-même avant l'âge d'un an, mais il prendra plaisir à vous observer l'agiter dans les airs (la plupart des bébés de cet âge tenteront d'attraper le moulinet. Ne le laissez pas faire, car les extrémités pointues pourraient le blesser et il risquerait d'avaler de petits morceaux). Vous avez également l'option de placer le moulinet à l'extérieur dans une jardinière et asseoir l'enfant près de la fenêtre pour qu'il puisse observer les couleurs qui défilent sous l'effet éolien.

HABILETÉS

Un moulinet attirera irrésistiblement la plupart des bébés. Vers l'âge de trois mois, ils sont fascinés par ce mouvement de couleurs floues et seront portés à essayer de frapper le moulinet avec les poings fermés. Dès l'âge de six mois, ils seront capables de bien voir et essaieront de toucher au moulinet. Nous vous suggérons de chanter une chanson sur le moulinet pour ajouter une autre dimension amusante à ce jeu d'observation.

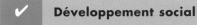
✔ **Développement social**

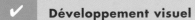
✔ **Développement visuel**

Le moulinet coloré de **grand-papa** attirera l'attention de bébé et lui procurera sans doute une vive sensation de plaisir.

81

TIC-TAC

LE JEU DU COUCOU

Tic-tac

Tic-tac
Balancez bébé d'un côté à l'autre.

**Je suis une petite horloge
coucou**
Balancez bébé d'un côté à l'autre.

Tic-tac
*Balancez à nouveau bébé d'un
côté à l'autre.*

**Il est une heure et je sonne
un coup**
*Soulevez bébé doucement vers le
ciel, une seule fois.*

Coucou! Coucou!
*Répétez les couplets en ajoutant
deux heures et trois heures et
soulevez le bébé deux fois et trois
fois, respectivement.*

Équilibre	✓
Conscience du corps	✓
Écoute	✓

AVEC UNE CHANSON SIMPLE, un léger bercement et en les soulevant doucement, la majorité des bébés sont aux anges. Tenez votre bébé sous les bras et maintenez sa tête droite. Vous pouvez vous asseoir ou rester debout avec votre bébé face au dos à vous. Les bébés aiment en regarder d'autres pendant cette activité. Si votre enfant a un compagnon ou une compagne de jeu, placez-les l'un vis-à-vis de l'autre pendant que vous chantez. Lorsque votre bébé sera devenu trop lourd pour être tenu ainsi, (soit entre neuf et douze mois), transformez l'activité en installant l'enfant sur vos genoux. Chantez et bercez-vous de l'avant à l'arrière, en faisant sauter légèrement votre petite puce sur vos genoux.

«Coucou! Coucou!»

SI VOTRE BÉBÉ AIME CETTE ACTIVITÉ,
essayez aussi *Balancement dans une
couverture, en page 48.*

RAPPORT DE RECHERCHE

Vous croyez peut-être *que votre enfant ne s'intéresse pas encore à la musique. En fait, de nombreuses études menées au cours des dernières années démontrent que les bébés sont capables de retenir une mélodie. Ils comprennent le rythme et la musique les aide même à se forger des souvenirs. Dans le cadre d'une étude menée en 1997 sur des enfants de trois mois, des chercheurs ont découvert que si les bébés entendent une chanson qu'ils ont déjà entendue sur leur mobile musical un à sept jours auparavant, ils se mettront à interagir avec leur mobile.*

IL N'A AUCUNE IDÉE de ce que peut être une horloge, mais se balancer de gauche à droite est tout de même fort amusant.

83

• JOUER DANS LE BAIN • JEUX PENDANT LE CHANGEMENT DE LA COUCHE • MUSIQUE ET MOUVEMENT • ACTIVITÉS PHYSIQUES • PLAISIR TACTILE •

3 MOIS ET PLUS

UN PETIT EFFORT SUPPLÉMENTAIRE ET ÇA Y EST

MOTIVER BÉBÉ À BOUGER

HABILETÉS

Avant même que votre bébé soit en mesure de s'asseoir de lui-même, il commencera à se rouler d'un côté à l'autre. Cela veut dire qu'il commence à se rendre compte qu'il peut se déplacer par lui-même. Encouragez-le à explorer sa nouvelle mobilité en lui présentant des objets susceptibles d'accaparer son attention. Accompagnez cet exercice d'interactions amusantes qui l'aideront à développer avec vous une relation d'intimité et qui sèmeront les germes d'une saine estime de soi.

| Mouvements globaux | ✔ |
| Développement social | ✔ |

VOUS POUVEZ ENCOURAGER les premiers efforts de votre bébé pour saisir des objets et même à déplacer son corps, en plaçant des objets attirants (des balles aux couleurs vives, des jouets en peluche, ses livres d'images favoris et plus particulièrement, vous-même) à sa portée. Encouragez-le à saisir les objets de quelque façon que ce soit, en se traînant sur le ventre, en roulant sur le côté ou simplement en s'étirant le plus possible, mais ne l'agacez pas. Aidez-le plutôt à progresser dans cette activité. S'il commence à devenir frustré, donnez-lui le jouet et félicitez-le pour ses efforts.

LES ÉTIREMENTS, LES ROULE-MENTS et les exercices sur le ventre aident à développer la force nécessaire pour se promener à quatre pattes.

ROULEMENTS SUR LE VENTRE

3 MOIS ET PLUS
3

CONSCIENCE DU CORPS POUR DÉBUTANTS

À SA NAISSANCE, votre bébé n'était pas en mesure de faire la différence entre vous et lui-même et à quel endroit son corps se terminait et le vôtre commençait. Donnez-lui l'occasion d'accroître la conscience de son corps et stimulez son petit corps en faisant rouler doucement un ballon sur son ventre, puis sur ses jambes et ses bras. Veut-il saisir le ballon et lui donner un coup de pied ? Laissez-le faire, car il s'agit d'un excellent exercice de coordination. Vous pouvez également l'installer sur le ventre et faire rouler le ballon sur son dos. Ajoutez une chanson à cette activité pour la rendre encore plus amusante.

HABILETÉS

Ce léger massage *prodigué par le ballon procure une stimulation tactile au bébé et l'aide à prendre conscience de son propre corps et saisir le ballon l'aide à développer sa coordination œil-main. S'asseoir en position verticale et tenir le ballon avec votre aide l'aideront à développer son équilibre.*

✔ **Équilibre**

✔ **Conscience du corps**

✔ **Stimulation tactile**

LA PRESSION d'un ballon de plage qui roule en occasionnant un léger chatouillement l'aide à se familiariser davantage avec son corps.

85

DU PLAISIR DANS LA CUISINE

À VOS FOURNEAUX

HABILETÉS

En manipulant *les tasses et les cuillères et en les échappant, en les ramassant et en les mettant dans sa bouche, votre bébé apprend à se servir de ses bras et de ses mains. L'exploration d'objets avec la bouche aide l'enfant à se familiariser avec des notions physiques comme la douceur, la rugosité, le froid, la dureté, la légèreté et la pesanteur. Votre participation active à ces exercices est la meilleure garantie de progrès de l'enfant.*

Coordination œil-main	✔
Habilités motrices fines	✔
Mouvements globaux	✔

SI VOTRE BÉBÉ AIME CETTE ACTIVITÉ, essayez aussi *Vise le jouet, en page 63.*

MÊME SI VOTRE ENFANT peut saisir des objets comme un hochet, un animal en peluche ou vos cheveux, cela ne veut pas dire qu'il est capable d'exercer un contrôle sur l'objet. La véritable dextérité exige un contrôle subtil du poignet, de la paume et des doigts, ainsi que la faculté de juger les distances et de reconnaître les formes. Cet apprentissage nécessite beaucoup de pratique. Des ensembles de tasses et de cuillères à mesurer en plastique constituent d'excellents jouets à cette étape de son développement, car ils sont faciles à saisir et leurs surfaces sont intéressantes. Si votre bébé s'est habitué à ramasser des objets de lui-même, placez-les autour de lui, au sol. S'il n'arrive pas à ses fins de lui-même, placez les cuillères dans sa main et encouragez-le à les tenir. Ne soyez ni surpris ni déçu si les cuillères se retrouvent immédiatement dans sa bouche. Mettre des objets dans leur bouche constitue une façon saine pour les bébés de cet âge de se familiariser avec le monde.

L'UTILISATION DE CUILLÈRES l'aide à comprendre comment ses mains, ses bras et des objets de différentes tailles fonctionnent.

RAPPORT DE RECHERCHE

Bien qu'il y ait un facteur génétique quant à la «dextérité» affichée par votre enfant, le style de la mère est susceptible d'exercer une forte influence. Dans le cadre d'une étude menée par des chercheurs de l'Université DePaul de Chicago, on a découvert que les bébés ont souvent les mêmes habiletés manuelles que leur mère lorsqu'ils s'amusent avec des jouets et que la ressemblance s'accroissait au fur et à mesure qu'ils grandissaient. Mille excuses, messieurs, mais il semble que l'habileté manuelle des pères n'ait pas un impact aussi grand, ceci probablement parce que statistiquement parlant, les mères passent beaucoup plus de temps avec leur bébé.

PROMENADES SUR LES GENOUX

AJOUTEZ UNE TOUCHE DE REBONDISSEMENT à la promenade sur les genoux en tenant votre bébé sur votre genou et en le berçant légèrement de l'avant à l'arrière pendant que vous lui chantez une chanson pour enfant. Il s'agit là d'un excellent moyen de développer son sens du rythme et de mettre à l'épreuve son sens d'équilibre.

AU MARCHÉ

Nous allons au marché, nous
allons au marché,
Pour acheter un cochon
Et nous revenons à la maison,
dondaine,
Et nous revenons à la maison,
dondon.

Nous allons au marché,
nous allons au marché,
Pour acheter une brioche,
Et nous revenons à la maison,
dondaine,
Et nous revenons à la maison,
dondon.

LA MÈRE MICHEL

C'est la mère michel qui a perdu son chat
Bercez votre bébé de gauche à droite sur vos genoux
Qui crie par la fenêtre à qui le lui rendra
Faites basculer le bébé sur un côté
C'est le père Lustucru qui lui a répondu :
Bercez votre bébé de gauche à droite sur vos genoux
«Allez, la mère Michel, votre chat n'est pas perdu!»

C'est la mère Michel qui lui a demandé :
Soutenez la taille et le cou de votre bébé avec vos mains
«Mon chat n'est pas perdu,
vous l'avez donc trouvé?»
C'est le père Lustucru qui lui a répondu :
«Donnez une récompense, il vous sera rendu.»

Et la mère Michel lui dit : «C'est décidé,
Si vous rendez mon chat, vous aurez un baiser.»
Mais le père Lustucru, qui n'en a pas voulu,
Lui dit : «Pour un lapin, votre chat est vendu!»
*Laissez doucement glisser le bébé dans l'espace entre
vos jambes*

MARIANNE S'EN VA-T-AU MOULIN

Marianne s'en va-t-au moulin, *(répéter)*
Bercez le bébé d'un côté à l'autre
C'est pour y faire moudre son grain. *(répéter)*

À cheval sur son âne,
Bercez le bébé de l'avant à l'arrière
Ma p'tite mamzell' Marianne,
À cheval sur son âne Catin,
S'en allant au Moulin.

Le meunier qui la voit venir, *(répéter)*
Soulevez votre bébé jusqu'à vos genoux et
reposez-le au sol
S'empresse aussitôt de lui dire, *(répéter)*
Attachez-donc votre âne Catin,
Par derrièr' le moulin.

Pendant que le moulin marchait, *(répéter)*
Bercez le bébé sur vos genoux
Le loup à l'entour rôdait, *(répéter)*
Le loup a mangé l'âne,
Ma p'tit mamzell, Marianne,
Le loup a mangé l'âne Catin,
Par derrière le moulin.

J'AI PERDU LE DOS DE MA CLARINETTE

J'ai perdu le do de ma clarinette, *(répéter)*
Bercez l'enfant vers la gauche
Ah ! si papa il savait ça, tralala, *(répéter)*
Bercez l'enfant vers la droite
Il dirait : "Ohé ! *(répéter)*
Balancez l'enfant vers l'arrière
Tu n'connais pas la cadence,
Tu n'sais pas comment on danse,
Tu n'sais pas danser Au pas cadencé.
Ramenez l'enfant vers votre poitrine
Au pas, camarade *(répéter)*
Bercez l'enfant de l'avant à l'arrière
Au pas, au pas, au pas
Au pas, camarade
Balancez l'enfant de l'avant
à l'arrière
Au pas, au pas, au pas
Au pas, au pas.
Terminez en serrant
l'enfant contre vous

BIEN PEU DE BÉBÉS résistent à
une chanson absurde accompagnée
de bercements rythmiques exécutés
par un des parents.

VOYAGE DANS LES HAUTEURS

PREMIÈRES LEÇONS DE VOL

HABILETÉS

Même si vous le maintenez fermement, *cet exercice de «vol» aide votre enfant à développer les larges muscles de son dos et de ses épaules, surtout s'il lève la tête pour contempler le paysage. Il développe du même coup son sens d'équilibre naissant. Vous ne le lâcherez pas, bien sûr, mais il sentira un changement dans son centre de gravité, alors qu'il «volera» de haut en bas.*

Équilibre	✔
Force du haut du corps	✔

SI VOTRE BÉBÉ AIME CETTE ACTIVITÉ, essayez aussi *Fais-moi rouler, en page 64.*

VOTRE ONCLE GEORGES vous a peut-être lancé dans les airs quand vous étiez petit et vous avez sans doute adoré l'expérience, mais ce genre d'activité consistant à utiliser le bébé comme un ballon de plage n'est plus vu comme sécuritaire. Que ceci ne vous empêche pas de vous amuser en faisant «planer» votre bébé, mais soyez certain d'avoir une prise ferme sur sa petite poitrine et tenez-vous en à des mouvements légers et sécuritaires. Asseyez-vous droit au sol avec votre bébé devant vous. Soulevez-le, puis roulez sur le dos en le soulevant au-dessus de votre tête. Vous pouvez aussi le placer sur le ventre sur vos tibias, alors que vous êtes allongé sur le dos et que vous balancez ou soulevez légèrement vos jambes en maintenant les bras de votre bébé. Peu importe la méthode choisie, votre bébé aimera cette sensation de planer dans les airs, même si vous le maintenez de façon sécuritaire. Chantez-lui une chanson comme «Je vole haut» (page suivante) pour augmenter le plaisir.

LA SENSATION DE VOLER, combinée à la joyeuse chanson de maman, son sourire et ses mains stables rend cette expérience sécuritaire et amusante.

Je vole haut

  «Jamais on n'a vu»

**Je suis un bébé
Qui vole très haut.**

**Voici le sol et voici le ciel
Comme un papillon ou un p'tit
oiseau.**

**Et hop, me revoici en haut!
Je suis un bébé qui vole très
haut .**

91

LES PREMIERS LIVRES DE BÉBÉ

L'HEURE DE LA LECTURE

HABILETÉS

La proximité physique *de la lecture procure à votre bébé un sentiment d'intimité et de bien-être. En fait, avec le temps, une séance de lecture peut devenir un amusant rituel précédant l'heure du coucher et un moyen efficace de calmer un bébé pleurnicheur, malade ou hyperstimulé. En nommant les objets apparaissant sur les images, vous lui permettrez de développer ses capacités réceptives au niveau du vocabulaire et du langage.*

IL EST ENCORE TROP JEUNE pour comprendre une histoire et probablement aussi pour tourner les pages. Cependant, initier un jeune enfant aux plaisirs de la lecture est une des choses les plus enrichissantes que vous puissiez faire pour votre bébé, car il associera la lecture à une activité positive.

• Les petits livres plastifiés sont recommandés à cet âge, car votre bébé peut les mâcher, les frapper et les saisir sans endommager les pages. Dans la seconde partie de sa première année d'existence, quand il apprendra à tourner lui-même les pages, il sera beaucoup plus facile pour lui de manipuler des livres plastifiés ou de papier-toile qu'il pourra traîner au bain.

• Les livres aux images vives et comportant un minimum de texte sont les plus appropriés, car ils lui permettent de s'initier à la magie d'univers illustrés sans qu'il y ait trop de narration. Indiquez du doigt les objets figurant dans chacune des pages : «Vois-tu le canard?» «Où sont les bas?» Un bon jour, l'enfant vous surprendra en pointant les objets de lui-même.

• La plupart des jeunes bébés n'ont pas encore assez de concentration pour écouter une histoire complète et se contenteront d'examiner les pages, mais certains bébés sont apaisés par les comptines et les histoires. Vous devez être attentif à ce qui lui plaît le plus et orienter votre séance de lecture en fonction de ses préférences.

Développement affectif	✔
Développement du langage	✔
Développement visuel	✔

SI VOTRE BÉBÉ AIME CETTE ACTIVITÉ, essayez aussi *Visages amis, en page 72.*

RAPPORT DE RECHERCHE

Il a peine à s'asseoir et ne saurait faire la différence entre un poulet et un camion à benne. Alors, pourquoi raconter une histoire à un bébé ? Des études ont démontré que la lecture de contes, même à de très jeunes bébés, les aide à développer leur vocabulaire «réceptif» (le nombre de mots qu'ils sont capables de comprendre). Une étude menée dans le Rhode Island établissait une comparaison entre le vocabulaire réceptif de deux groupes d'enfants âgés de dix-huit mois. Le premier groupe avait souvent eu droit à des lectures en très bas âge et le deuxième groupe, non. Le groupe formé d'enfants qui avaient bénéficié de lectures fréquentes avait amélioré de 40 pour cent son vocabulaire depuis la petite enfance, tandis que le vocabulaire du second groupe n'avait progressé que de 16 pour cent.

MÊME LES PLUS JEUNES BÉBÉS apprécient les moments passés bien pelotonnés contre leur mère ou leur père à écouter des mots et à regarder des images colorées.

3 MOIS ET PLUS

93

3 MOIS ET PLUS

LES YEUX, LE NEZ, LA BOUCHE, LES ORTEILS

UN EXERCICE POUR LE CORPS

HABILETÉS

Votre bébé ne saurait répéter un seul de ces noms de parties du corps, cela viendra plus tard. Toutefois, votre toucher lui procure une stimulation tactile et lui permettra de prendre davantage conscience de ses paramètres et de ses mouvements corporels. En nommant les parties du corps de façon régulière, vous l'aiderez à les reconnaître et à apprendre à les nommer de lui-même.

Conscience du corps	✔
Développement du langage	✔
Stimulation tactile	✔

◀ SI VOTRE BÉBÉ AIME CETTE ACTIVITÉ, essayez aussi *Babiller avec bébé en page 68.*

SES PIEDS QUI DONNENT DES COUPS, ses mains qui s'agitent et de façon générale, sa façon de remuer et de glousser sont autant de signes démontrant que votre bébé commence à comprendre qu'il a la faculté de contrôler les mouvements de son propre corps. Renforcez cette révélation en pointant les principales parties de son corps et en les lui nommant. Placez-le sur un lit, un tapis ou une table à langer. Touchez son visage et dites «visage» , puis placez ses petites mains sur votre visage et répétez «visage» . Faites la même chose pour ses yeux, son nez, sa bouche, son menton ainsi que ses jambes, son ventre, ses pieds et ses orteils, en lui faisant sentir chaque fois son propre corps, puis le vôtre.

«CECI EST TON visage et celui-ci est le mien …» . Avant longtemps, il touchera son propre visage lorsque vous prononcerez le mot.

QU'EST-CE QUE CE PETIT CRI AIGU ?

3 MOIS ET PLUS — 3

UN EXERCICE PRATIQUE

ENTRE LE TROISIÈME et le quatrième mois, la plupart des bébés essaient d'atteindre et de saisir des objets, mais ce n'est pas une sinécure, car l'enfant doit être en mesure d'exercer un contrôle important sur sa main. Il s'agit toutefois d'une découverte excitante, car il peut maintenant attirer à lui des objets plutôt que d'attendre que vous les lui remettiez. Pour l'aider à développer sa dextérité, tenez devant lui deux jouets émettant des cris aigus. Pressez le premier jouet, puis le second et encouragez l'enfant à saisir les jouets.

PEU DE BÉBÉS RÉSISTENT au son et à la vue d'un jouet grinçant aux couleurs vives, surtout lorsque les parents participent au jeu.

HABILETÉS

Pour commencer, votre bébé *ne fera qu'agiter ses mains et donner des coups de pied. Cependant, les jouets émettant des cris aigus sont suffisamment invitants pour qu'il essaie de les frapper, ce qui constitue une excellente pratique pour sa coordination main-œil et lui permet de constater à quel point il peut s'étirer. S'il entre en contact avec le jouet, laissez-le le tenir, car le sentiment de satisfaction qu'il en retirera lui donnera le goût de recommencer souvent cette activité.*

✔ **Coordination œil-main**

✔ **Écoute**

SI VOTRE BÉBÉ AIME CETTE ACTIVITÉ, essayez aussi *Des rebondissements à profusion, en page 98.*

DES BULLES POUR BÉBÉ

ATTEINDRE, TOUCHER ET FAIRE ÉCLATER

HABILETÉS

Observer des bulles flotter *dans l'air permet à votre bébé d'exercer ses habiletés visuelles comme la localisation, la distance et la perception de la profondeur. Essayer de leur donner un coup constitue un excellent exercice pour développer la coordination œil-main de votre bébé. Si d'aventure il attrape une bulle, il aura droit à une leçon sur la relation entre la cause (je touche la bulle) et l'effet (la bulle éclate).*

FAITES VOS PROPRES BULLES

Pour confectionner la solution savonneuse, mélanger 1 tasse d'eau, 1 cuillère à thé de glycérine (en vente dans les pharmacies) et 2 cuillères à table de détergent à vaisselle. Faites sortir les bulles des couvercles de plastique dont vous aurez pris soin de découper le centre. **Assurez-vous de les garder loin du bébé.**

Cause et effet	✔
Coordination œil-main	✔
Développement visuel	✔

À QUAND REMONTE VOTRE DERNIER rendez-vous magique avec des bulles iridescentes dansant dans l'air? Que ceci ne vous empêche pas de partager cette activité simple et divertissante avec votre bébé.

• Achetez différents jouets produisant des bulles et faites des bulles de différentes grandeurs pour amuser votre bébé. Si vous envoyez de grosses bulles sur un morceau de vêtement, un tapis doux ou dans l'eau du bain, les bulles dureront plus longtemps et votre chasseur de bulles en herbe de cinq ou six mois aura l'occasion d'effectuer sa première prise. Vous pouvez aussi créer une douche de petites bulles en soufflant rapidement à travers une paille ou une pipe. La localisation de bulles au beau milieu des airs favorisera le développement des capacités visuelles du bébé.

• Une cascade de bulles représente une distraction de choix pendant le changement de couche. Si vous soufflez des bulles pendant que l'enfant prend son bain, le résidu savonneux que certaines bulles laissent au sol et sur les meubles rendra l'heure du bain encore plus amusante. Le tournoiement des bulles à l'extérieur du bain représente un divertissement particulièrement apprécié. Essayez d'envoyer les bulles haut dans les airs ou de les diriger le plus près possible du sol afin qu'elles se déplacent vers le haut grâce aux courants d'air.

SI VOTRE BÉBÉ AIME CETTE ACTIVITÉ, essayez aussi *La magie du moulinet*, *en page 81.*

LES BULLES FASCINENT
même les plus jeunes bébés.

DES REBONDISSEMENTS À PROFUSION

S'EXERCER À ATTEINDRE LA CIBLE

HABILETÉS

Il sera incapable de saisir des objets jusqu'au jour où il apprendra littéralement à cibler et à frapper avec ses petites mains et ses petits pieds. Ceci requiert une coordination œil-main et œil-pied, de même qu'une compréhension de la portée de ses bras et de ses jambes, ce qui viendra avec le temps et des exercices réguliers.

Coordination œil-pied	✔
Coordination œil-main	✔
Stimulation tactile	✔
Développement visuel	✔

C E SONT PARFOIS les jouets les plus simples qui amusent le plus les bébés pendant une période prolongée. Ainsi, le principe du bon vieux ballon de boxe adapté à votre enfant, de couleur vive (en vente dans les magasins de jouets), peut occuper un bébé jusqu'à l'âge de six mois et même au-delà. Les nouveau-nés fixeront ce globe s'il est suspendu au plafond ou dans l'encadrement de la porte. Les enfants de trois à six mois le frapperont des mains, lui donneront des coups de pied et tenteront éventuellement de l'entourer avec leurs mains. Vous ne parvenez pas à trouver un ballon de boxe? Suspendez un ballon de plage coloré. Quel que soit votre choix, assurez-vous de bien surveiller votre bébé quand il jouera avec ce ballon.

IL ADORERA DONNER DES COUPS sur ce gros ballon de couleur.

LA BOÎTE DE PANDORE

JOIE ET SURPRISES

PRENEZ UNE PARTIE de cache-cache, ajoutez un peu de musique et l'effet de surprise occasionné par un jouet sortant d'une boîte et vous aurez la formule magique pour divertir un bébé de cinq ou six mois. Une fois qu'il aura appris qu'un jouet sort de la boîte à tout coup, il anticipera l'apparition du jouet au point où il ne pourra plus contenir son excitation. Dans peu de temps, il voudra vous aider à remettre le jouet dans la boîte et attendra impatiemment que vous fermiez le couvercle de la boîte et tourniez la poignée pour faire ressortir le jouet une fois de plus.

IL ADORERA vous voir tourner la poignée et vous aider à remettre le clown dans sa boîte.

HABILETÉS

Le son d'une manivelle *qui tourne et le déclic invitant d'un jouet sortant de sa boîte procurent une stimulation auditive à votre bébé. L'apparition et la disparition à répétition du jouet jouent également un rôle important puisqu'elles augmentent la compréhension croissante de l'enfant quant à la permanence des objets.*

✔ **Cause et effet**

✔ **Écoute**

✔ **Stimulation visuelle**

 SI VOTRE BÉBÉ AIME CETTE ACTIVITÉ, essayez aussi *Jeux de cache-cache*, en page 67.

EMPREINTES DE PIEDS

CONFECTION D'UN ARTICLE SOUVENIR

HABILETÉS

Disons-le, cette activité *s'adresse autant aux parents (ou aux grand-parents, au parrain et à la marraine, aux tantes, aux oncles ou aux amis) qu'au bébé. Toutefois, la valeur sentimentale ne devrait pas compter davantage que les bienfaits pour l'enfant. Sentir la peinture et le vêtement ou le papier lui procure une expérience tactile intéressante. De plus, participer à un projet qui demande un partenariat avec un parent et peut-être un autre duo parent/enfant l'aidera dans son développement social.*

IL EST DIFFICILE DE CROIRE que les pieds minuscules de votre bébé deviendront un jour aussi grands que ceux de l'enfant du voisin qui a dix-huit mois. Cependant, les enfants grandissent constamment. Gardez un souvenir impérissable de la taille des pieds de votre bébé en prenant des empreintes de pieds en couleurs.

• Mettez un peu de peinture non toxique sur son pied (utilisez une brosse ou l'extrémité de votre doigt) en commençant par les orteils et en descendant vers le talon, en prenant soin de ne pas peinturer la cambrure du pied. Estampillez son pied sur la surface avec laquelle vous travaillez, en le roulant du talon jusqu'aux orteils. Vous pouvez faire des estampes sur un morceau de papier de bricolage, du tissu, un tee-shirt ou un blouson de survêtement pour donner en cadeau ou conserver comme souvenir.

• N'essayez pas de faire trop de ces adorables empreintes de pieds en une seule fois. Lorsque bébé sera fatigué, arrêtez et recommencez un autre jour.

• Nota : Cette activité fonctionne mieux en présence de deux adultes. Nous vous suggérons de porter des vêtements usés et de tenir un rouleau d'essuie-tout à portée de la main.

AVEC LA PRATIQUE,
vous parviendrez à faire des empreintes parfaites, mais même les erreurs sont charmantes.

Développement social	✔
Stimulation tactile	✔
Confiance	✔

SI VOTRE BÉBÉ AIME CETTE ACTIVITÉ, essayez aussi *Exercice de tir, en page 66.*

«Regarde-moi ces petits pieds bleus!»

DES COUPS DE PIED ET ENCORE DES COUPS DE PIED

BALLET EN BAIGNOIRE

HABILETÉS

Donner des coups de pied aide *votre bébé à renforcer les muscles de ses jambes et de son abdomen, ce qui est essentiel pour se promener à quatre pattes, et éventuellement marcher. Si vous l'aidez à s'allonger dans la baignoire, il se sentira en confiance dans l'eau, ce qui lui sera utile le jour où il voudra apprendre à nager.*

Mouvements globaux	✔
Confiance	✔

LA PLUPART DES BÉBÉS aiment prendre des bains comme un canard aime aller à l'eau. Il existe mille et une façons de rendre l'heure du bain encore plus excitante et profitable pour votre petit trésor. Plus souvent qu'autrement, les bébés âgés de six à neuf mois éprouvent un plaisir fou à s'asseoir dans la baignoire et à éclabousser les alentours. Une fois la baignoire remplie d'eau tiède et votre bébé installé de façon sécuritaire sur un matelas non glissant, encouragez-le à donner des coups de pied, soit en profitant de son inclination naturelle à agiter les pieds ou en le faisant pour lui. Vous pouvez aussi tenir le bébé de façon à ce que son ventre se trouve dans l'eau et que sa tête et ses épaules soient au-dessus de l'eau (cette position lui permet d'éclabousser avec ses bras). Une chanson comme «J'agite mes petits pieds» l'encouragera à continuer d'agiter les pieds, à éclabousser et rendra le jeu encore plus amusant.

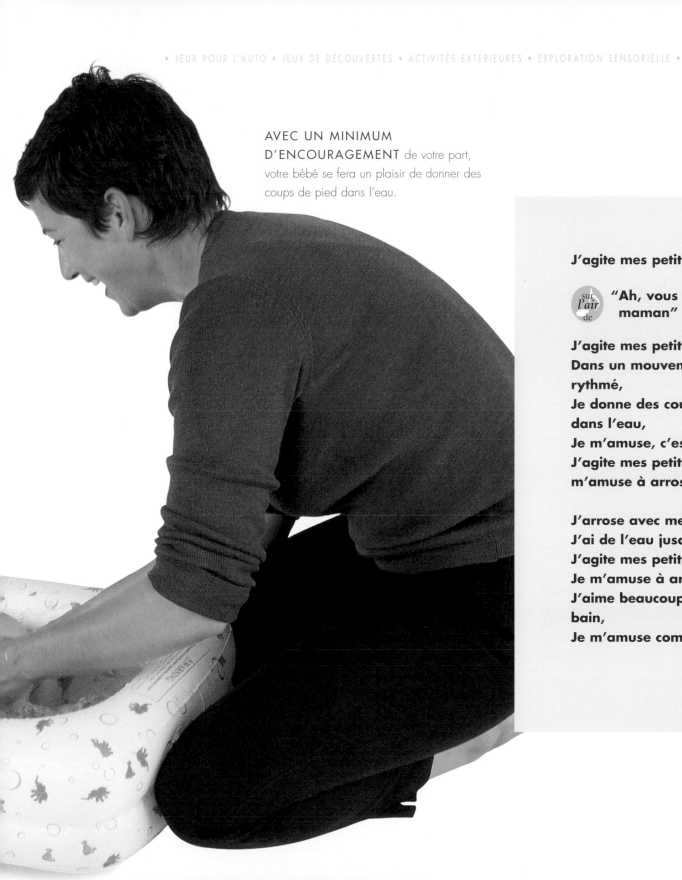

6 MOIS ET PLUS
6

AVEC UN MINIMUM D'ENCOURAGEMENT de votre part, votre bébé se fera un plaisir de donner des coups de pied dans l'eau.

J'agite mes petits pieds

 sur l'air de "Ah, vous dirais-je maman"

J'agite mes petits pieds,
Dans un mouvement très rythmé,
Je donne des coups de pied dans l'eau,
Je m'amuse, c'est rigolo,
J'agite mes petits pieds, je m'amuse à arroser.

J'arrose avec mes orteils,
J'ai de l'eau jusqu'aux oreilles,
J'agite mes petits pieds,
Je m'amuse à arroser,
J'aime beaucoup jouer dans le bain,
Je m'amuse comme un dauphin.

UNE BONNE POUSSÉE

EXERCICES POUR LE BAS DU CORPS

HABILETÉS

Les muscles d'un bébé *se développent à partir de la tête et du cou, des épaules et des bras, puis dans le dos et finalement dans les hanches, les cuisses et les mollets. À cet âge, le haut du corps de votre enfant est probablement assez développé (c'est pourquoi il peut s'asseoir), mais ses jambes ne sont pas encore assez robustes pour lui permettre de ramper. Cet exercice permet de renforcer les jambes et de lui donner un avant-goût de ce qu'il doit faire pour avancer.*

Équilibre	✔
Mouvements globaux	✔
Force du bas du corps	✔

SI VOTRE BÉBÉ AIME CETTE ACTIVITÉ, essayez aussi *Un petit effort supplémentaire et ça y est*, en page 84.

IL CROIT QU'IL PEUT LE FAIRE, il est convaincu de pouvoir avancer sur le ventre, mais sa coordination n'est pas encore suffisamment développée. Donnez-lui un élan en l'allongeant vers l'avant et en le laissant prendre appui contre vos mains ou sur une serviette roulée à ses pieds. Ne poussez pas et contentez-vous de soutenir ses pieds avec vos mains, alors qu'il s'incline vers l'avant. Une pratique d'une minute à ramper, de façon périodique, peut s'avérer euphorique pour votre bébé et une séance de deux minutes pourrait suffire à lui permettre de faire un pas de plus vers une plus grande mobilité.

QUELQUEFOIS, UN PEU DE SOUTIEN arrière peut aider les aspirants.

6 MOIS ET PLUS

DES SURPRISES À L'INTÉRIEUR

LES DOIGTS INQUISITEURS ET LA MAGIE DU PAPIER

IL FOUILLE dans ses tiroirs, explore le porte-revues et sort tous les livres de son tiroir… Ce comportement cause probablement le désordre dans votre maison, mais ses explorations continuelles sont le signe, chez un enfant, d'un développement sain. Voici une façon constructive d'occuper ces petites mains baladeuses pour éviter les dégâts : emballez, mais pas trop solidement, quelques-uns de ses jouets dans un papier de couleur vive, mettez-les dans un grand sac à provisions et laissez-le fouiller à l'intérieur, déballer et redécouvrir ses jouets.

Cette activité permet d'occuper et d'amuser l'enfant pendant les déplacements en auto ou les voyages en avion.

IL S'AGIT DU MÊME BALLON

avec lequel il joue depuis des mois, mais le fait qu'il ait été emballé dans un papier de couleur vive lui donne l'impression d'une surprise.

HABILETÉS

Il faut posséder *des habiletés motrices fines pour réussir à déballer un objet et bébé se régalera du bruit du papier froissé. Au début, vous devrez peut-être lui montrer comment déballer les objets, mais une fois qu'il aura maîtrisé les mouvements, il comprendra vite que les choses intéressantes viennent dans un emballage.*

✔	**Habiletés motrices fines**
✔	**Résolution de problèmes**
✔	**Stimulation tactile**

SI VOTRE BÉBÉ AIME CETTE ACTIVITÉ, essayez aussi *Ensemble de boîtes*, en page 168.

105

FAIS-TOI ALLER, MON BÉBÉ !

HOCHET POUR BÉBÉS PLUS ÂGÉS

HABILETÉS

La maîtrise du mouvement *exquis d'agitation et le fait de produire un son de crécelle donneront à votre bébé une sensation de puissance et renforceront sa conscience de la cause et de l'effet, alors qu'il reproduit le bruit encore et encore. Ceci l'aidera aussi à exprimer son sens du rythme, en plein développement.*

COMMENT FABRIQUER LES VÔTRES

Des bouteilles d'épices en plastique feront d'excellents maracas, car elles sont suffisamment petites pour que votre bébé puisse en faire le tour avec ses mains. Remplissez-les de sable, de fèves séchées ou de cailloux et fermez-les solidement avec de la colle ou du ruban adhésif en toile et bébé sera prêt à donner un concert.

DÈS L'ÂGE DE SIX MOIS, votre bébé aura déjà compris que ses mains sont reliées à ses doigts d'une quelconque façon et contrôlera déjà bien les mouvements de ses bras et de ses mains. Désormais, il voudra utiliser ses mains pour explorer son environnement, que ce soit en tapotant, en frappant ou en agrippant tout ce qui se trouve à sa portée. Au fur et à mesure qu'il découvrira les propriétés des objets qu'il touche, soit leur forme, leur texture, leur poids et bien sûr, leur goût, il s'étonnera des différents sons produits par ces objets. Donnez-lui un coup de main dans ses explorations en lui offrant des maracas rudimentaires confectionnés avec des bouteilles de plastique remplies de matières qui font du bruit. Montrez-lui comment agiter les maracas. Une fois qu'il en aura compris le mécanisme, il ne voudra plus s'arrêter!

Cause et effet	✔
Mouvements globaux	✔
Écoute	✔

SI VOTRE BÉBÉ AIME CETTE ACTIVITÉ, essayez aussi *Musiciens en herbe,* *en page 116.*

6 MOIS • ET PLUS
6

«Brasse-moi ça, mon bébé!»

UNE BOUTEILLE REMPLIE DE SABLE
est un jouet simple, mais le son qu'il produit
est une véritable symphonie aux oreilles de
votre bébé.

VIDER LES JOUETS D'UNE BOÎTE OU D'UN BOCAL est encore plus amusant avec des compagnons de jeu.

LE PLAISIR DE VIDER UN CONTENANT

6 MOIS · ET PLUS · 6

LE JEU DU REMPLISSAGE ET DU VIDAGE

VIDER DES OBJETS hors d'un contenant et les remettre à leur place constitue l'un des sports favoris des bébés qui sont capables de s'asseoir et d'utiliser leurs mains. Votre enfant trouvera sûrement quelque chose à vider et à remplir quelque part dans la maison. Bien qu'il se ferait un plaisir de vider le contenu de vos paniers et armoires pendant un avant-midi complet, nous vous suggérons de lui présenter une façon plus propre et plus appropriée pour un enfant de cet âge de jouer à vider et remplir en lui donnant un grand pot de plastique d'un gallon à large ouverture, un grand contenant de rangement en plastique ou encore un grand bol en acier inoxydable. Remplissez ce contenant de tasses à mesurer, de bols en plastique, de blocs, de petits jouets en peluche, d'anneaux de plastique et de hochets, puis asseyez-vous par terre à côté de l'enfant et aidez-le à remplir et à vider le contenant à quelques reprises. Ce dernier sera bientôt très occupé à vider et à remplir le contenant lui-même et voudra recommencer encore et encore.

HABILETÉS

En plus de divertir *votre bébé, vider et remplir des contenants le familiarisera avec les tailles, les formes et les poids d'objets divers. Cela lui permettra aussi de s'initier à la notion d'espace (relation spatiale), comme gros et petit et vide et plein. Vider et remplir un contenant permettent d'exercer à la fois les mouvements globaux et les habiletés motrices fines.*

✔ **Habiletés motrices fines**

✔ **Mouvements globaux**

✔ **Distinction des tailles et des formes**

✔ **Relation spatiale**

SI VOTRE BÉBÉ AIME CETTE ACTIVITÉ, essayez aussi *Laisser tomber une balle,* en page 169.

UN ENVIRONNEMENT SANS DANGER POUR BÉBÉ

QU'IL roule, rampe, se promène à quatre pattes ou explore les lieux de quelque façon que ce soit, un bébé qui se déplace est susceptible de se blesser. Les façons d'éviter des accidents dépendent des intérêts particuliers de votre enfant (par exemple, ce ne sont pas tous les petits qui sont attirés par les plantes). Certaines précautions doivent être observées, et ce peu importe le comportement actuel de votre bébé, car les conséquences pourraient être graves.

Les prises de courant : les bébés sont très attirés par les petites ouvertures. Il est facile d'installer des bouchons ou des capuchons et d'éviter un drame.

Les armoires : toute armoire ou garde-robe susceptible de contenir des objets pointus, toxiques ou cassants doit être hors de portée du bébé. Pour plus de sécurité, déplacez les articles dangereux à un endroit hors de sa portée.

Des meubles peu solides : si votre bébé se cogne ou tire sur un meuble peu solide, il pourrait le renverser et se blesser gravement. Fixez les meubles peu solides (comme des étagères de livres) à un mur et retirez des meubles tout objet lourd susceptible de tomber en cas de contact.

Les risques d'étouffement : ne perdez jamais de vue des petits objets qui tombent fréquemment au sol, comme des boutons, des aiguilles, des pièces de monnaie, des pilules ou des boucles d'oreilles. En balayant et en passant l'aspirateur régulièrement, vous réduirez de beaucoup ces dangers.

Les escaliers : placez des barrières en haut et en bas de chaque volée d'escalier.

Les objets potentiellement dangereux : ne laissez jamais traîner où à portée de votre enfant des objets comme des couteaux, des ciseaux, des ouvre-lettres, des rasoirs, des stylos ou des verres à boire.

Malheureusement, l'opération Sécurité-poupon ne se fait pas en une fois. Au fur et à mesure que votre bébé grandira, qu'il deviendra de plus en plus mobile et de plus en plus hardi, vous devrez surveiller tout objet où il pourrait se cogner la tête, ce qu'il est en mesure d'atteindre ou dans quoi il pourrait glisser les doigts.

LE JEU DE LA PERMUTATION

FAIRE PASSER UN OBJET D'UNE MAIN À L'AUTRE

VOTRE BÉBÉ est maintenant capable de bien tenir des objets, qu'il s'agisse de son éléphant préféré en peluche ou d'une mèche de cheveu. Toutefois, il sera peut-être incapable de passer un objet d'une main à l'autre, ce qui nécessite un mouvement coordonné des deux mains (elle échappera sans doute un objet en tentant de prendre l'autre qu'on lui présente). Pour l'aider à exercer ses deux mains, placez un petit jouet dans une de ses mains et laissez-le jouer avec durant un certain temps, puis présentez-lui un autre jouet en direction de la même main. Encouragez-le à faire passer le premier jouet d'une main à l'autre plutôt que de l'échapper. Et quelle sera sa récompense pour avoir réussi cet exploit? Le plaisir de tenir deux jouets à la fois!

HABILETÉS

Faire passer un jouet *d'une main à l'autre permet à l'enfant de s'habituer à saisir et à relâcher simultanément un objet, ce qui n'est pas facile pour un bébé. Cela lui permettra aussi de croiser le centre vertical de son corps avec ses mains, un exercice qui le préparera à se promener à quatre pattes et à marcher.*

✔	**Coordination bilatérale**
✔	**Coordination œil-main**
✔	**Habiletés motrices fines**
✔	**Saisir et relâcher**

TENIR DEUX JOUETS à la fois exige de la pratique, mais le résultat est doublement agréable!

111

6 MOIS ET PLUS

JOUER AU BALLON

LE PLAISIR DE SE PROMENER À QUATRE PATTES ET D'ATTRAPER

HABILETÉS

Quand un objet qu'il désire *se trouve juste au-delà de sa portée, votre bébé peut avoir envie de passer à la prochaine étape de sa progression au niveau de la mobilité, qu'il s'agisse de se rouler, de ramper ou de se promener à quatre pattes. Apprendre à arrêter un objet en mouvement renforce son sentiment de pouvoir personnel en plein développement, car il commence à exercer un contrôle sur son environnement. Toutefois, ne vous attendez pas à ce qu'il fasse rouler le ballon dans votre direction ou qu'il vous le relance, car ce sont des habiletés qu'il développera au cours de sa deuxième année d'existence.*

Équilibre	✔
Coordination œil-main	✔
Mouvements globaux	✔
Relation spatiale	✔

IL N'EST PAS ENCORE PRÊT à attraper le ballon, mais le récupérer sera pour lui un jeu auquel il voudra se livrer encore et encore. Faites rouler un ballon en plastique de taille moyenne ou une grosse balle en tissu juste assez loin du bébé pour qu'il ait à se déplacer pour s'en emparer. Vous pouvez aussi le faire rouler dans sa direction pour qu'il s'habitue à l'arrêter avec ses mains. Suggestion : ne gonflez pas entièrement le ballon afin qu'il soit plus facile pour l'enfant de le saisir et de le manipuler.

UN BÉBÉ S'AMUSERA COMME UN PETIT FOU à arrêter un ballon qui roule et se familiarisera du même coup avec la notion de déplacement des objets.

112

«Voici le ballon!»

RAPPORT DE RECHERCHE

C'est une de ces journées où vous êtes fatiguée et peut-être même un peu en colère, et donc peu enclin à rire, à taper des mains et à jouer avec votre bébé. Est-il capable de faire la différence? Des études ont démontré que lorsque les parents interagissent volontairement sans manifester d'émotion, leurs bébés adoptent des expressions faciales et font des vocalisations expressément pour les faire agir «normalement», ce qui démontre qu'ils veulent «améliorer» l'interaction. Il est tout à fait normal d'avoir une mauvaise journée de temps à autre. Toutefois, si vous réagissez positivement (avec un sourire et peut-être un câlin), votre bébé développera une certaine confiance quant à son habileté à régulariser les interactions sociales et vous vous sentirez peut-être mieux.

113

LA POSSIBILITÉ DE TOUCHER
À UNE BULLE rendra d'autres jeux
avec des bulles encore plus amusants
aux yeux de votre bébé.

ATTRAPE-MOI CETTE BULLE

BÉBÉ FAIT ÉCLATER LA BULLE

S I VOUS AVEZ DÉJÀ fait éclater des bulles pour amuser votre enfant, vous savez à quel point les bébés trouvent amusante cette activité qui a fait la joie d'un nombre incalculable de générations d'enfants. Vous avez sans doute également noté que si votre bébé se meurt d'envie de les attraper, il a toutes les difficultés du monde à les rejoindre, ce qui risque de devenir frustrant. Simplifiez-lui la tâche en attrapant la bulle au moyen d'un tube et en la faisant passer juste devant lui. Pour commencer, il se contentera de regarder les bulles flotter dans l'air, puis observera de près une bulle miroitante et finira par connaître le plaisir de toucher à la bulle pour un instant. Assurez-vous que l'enfant ne se frotte pas les yeux avec ses mains savonneuses. Lorsque vous aurez terminé cette activité, essuyez vos mains avec un chiffon propre.

SI VOTRE BÉBÉ AIME CETTE ACTIVITÉ, essayez aussi *Des bulles pour bébé*, en page 96.

HABILETÉS

En plus *de lui procurer le plaisir de toucher à ces bulles mystérieuses, ce jeu exerce la coordination œil-main de votre bébé. Il favorise également la compréhension de la notion de cause et effet et lui montre qu'il peut exercer un certain contrôle sur le monde qui l'entoure.*

✔ **Cause et effet**

✔ **Coordination œil-main**

115

MUSICIENS EN HERBE

UN FOND SONORE

HABILETÉS

Suivre un rythme *ne fait pas encore partie de ses facultés musicales, mais lui faire comprendre que la musique est une activité de participation et de plaisir l'aidera dans son développement musical et social. Cette activité exerce ses mouvements globaux et ses habiletés motrices fines et établit une association positive avec la musique.*

Habiletés motrices fines	✔
Mouvements globaux	✔
Écoute	✔
Exploration rythmique	✔

SI VOTRE BÉBÉ AIME CETTE ACTIVITÉ, essayez aussi *Xylophones en folie*, en page 155. ▶

IL N'EST JAMAIS TROP TÔT pour initier votre enfant à la musique, mais il ne sera capable d'en jouer qu'au moment où il sera assez grand pour contrôler des objets (même si ce n'est que quelque peu). Vous pouvez augmenter son plaisir d'écoute en lui donnant des objets à remuer, à faire sonner et à rouler pendant qu'il fait l'audition de musique enregistrée ou de votre propre voix. Rassemblez quelques hochets et des jouets émettant des sons aigus, montrez-lui comment s'en servir et laissez-le improviser.

UN BÉBÉ DEVIENT sa propre section rythmique dès qu'on lui confie quelques jouets musicaux simples.

116

S'AMUSER AVEC DES TUBES

6 MOIS
ET PLUS
6

UN JEU D'EMPILAGE

VOTRE BÉBÉ n'a sans doute pas encore mis le pied dans un océan, un lac ou même une barboteuse, mais de larges tubes de natation lui procureront beaucoup de plaisir, et ce même sur la terre ferme. Les enfants capables de s'asseoir et de se promener à quatre pattes aiment utiliser des tubes pour s'asseoir ou jouer à cache-cache dans les anneaux. Asseyez l'enfant près d'une surface douce, empilez le reste des tubes jusqu'à la hauteur de sa poitrine et soulevez-les en criant «Bouh!» avec enthousiasme. Les bébés qui sont plus mobiles s'amuseront à se glisser à l'intérieur et à l'extérieur des tubes posés au sol.

EMPILEZ-LES et que le plaisir commence! Vous pourrez jouer à toutes sortes de jeux en vous servant de tubes de natation.

HABILETÉS

Jouer à cache-cache *avec des tubes de natation permet au bébé de vivre une expérience de séparation visuelle avec vous de façon temporaire, ce qui l'aidera à comprendre peu à peu que lorsque vous quittez son environnement immédiat, vous n'êtes pas définitivement disparu. Glisser à l'intérieur, à l'extérieur et par-dessus les anneaux permettra à votre bébé de s'exercer à bouger sur des surfaces inégales, ce qui favorise le développement de son équilibre et de sa coordination.*

✔ **Équilibre**

✔ **Mouvements globaux**

✔ **Permanence des objets**

SI VOTRE BÉBÉ AIME CETTE ACTIVITÉ, essayez aussi *La montagne de coussins,* en page 130.

117

CHANSONS POUR TAPER DES MAINS

AU FUR ET À MESURE que la dextérité manuelle de votre bébé se développera, il s'intéressera de plus en plus à des mouvements manuels comme taper des mains, claquer des doigts et envoyer la main. Augmentez son plaisir en chantant des chansons demandant une participation au moyen de gestes simples. Bien qu'il ne soit pas en mesure d'exécuter chacun des mouvements, il finira par apprendre à taper des mains ou à saluer à un endroit précis de la chanson et vous constaterez à la largeur de son sourire à quel point il est fier de ses nouvelles habiletés. Encouragez-le en le faisant taper dans ses mains ou en le faisant saluer ou faites-le vous-même.

BINGO

Il était une fois un fermier qui avait un chien
Bingo était son nom
B-I-N-G-O
B-I-N-G-O
B-I-N-G-O
Bingo était son nom

Il était une fois un fermier qui avait un chien
Bingo était son nom
Tapez un coup dans les mains-**I-N-G-O**
Tapez un coup dans les mains-**I-N-G-O**
Tapez un coup dans les mains-**I-N-G-O**
Bingo était son nom.
Continuez de taper une fois de plus dans vos mains en retirant une lettre de plus chaque fois.

CHÈRE ÉLISE

Avec quoi faut-il chercher l'eau,
Chère Élise, chère Élise,
Avec quoi faut-il chercher l'eau?
Soulevez les mains et tapez des mains

Avec un sceau, mon cher Eugène
Cher Eugène, avec un sceau!
Soulevez les mains et tapez des mains

Mais le sceau, il est percé,
Chère Élise, chère Élise,
Mais le sceau, il est percé.

Faut le boucher, mon cher Eugène,
Cher Eugène, faut le boucher!

Avec quoi faut-il le boucher,
Chère Élise, chère Élise,
Avec quoi faut-il le boucher?

Avec de la paille, mon cher Eugène,
Cher Eugène, avec de la paille!

QUE VOUS FASSIEZ le geste pour lui ou qu'il fasse de lui-même des mouvements élémentaires, le fait de combiner des mots, de la musique et des gestes contribue à former le vocabulaire de votre enfant.

CLIC-CLAC DANS LES MAINS

Tapez de façon rythmée dans vos mains

Clic-clac, clic-clac dans les mains,
ça les réchauffe, ça les réchauffe,
clic-clac, clic-clac dans les mains,
ça les réchauffe vite et bien.

LUMIÈRES

SUIVRE LE FAISCEAU LUMINEUX

HABILETÉS

Observer la lumière, *danser au plafond, sur les murs et sur les jouets augmente la capacité de votre bébé à localiser des objets. Voir la lumière disparaître et réapparaître encore et encore l'enchantera.*

Habilités motrices fines	✔
Développement sensoriel	✔
Développement visuel	✔

SI VOTRE BÉBÉ AIME CETTE ACTIVITÉ, essayez aussi *Une découverte lumineuse, en page 152.* ▶

OFFREZ UN TOUT NOUVEAU DIVER-TISSEMENT AUX YEUX de votre bébé en préparant un spectacle de lumière spécialement à son intention. Étirez un papier de soie de couleur vive ou une écharpe diaphane devant une lampe de poche et fixez-le solidement avec du ruban-cache ou une bande de caoutchouc (assurez-vous que le bébé ne pourra s'emparer de la bande de caoutchouc). Faites danser le cercle de couleur autour du plafond, des jouets de votre enfant ou sur les murs. Essayez d'allumer et d'éteindre la lumière rapidement, de dessiner des formes avec le faisceau ou de déplacer la lumière lentement de l'avant à l'arrière entre deux objets. Parlez-lui pendant que vous jouez : «Où la lumière est-elle passée?» «Ah, la voila!» «Elle est sur le ballon».

DES SURFACES DE LUMIÈRE VIVES sont excitantes à regarder, spécialement lorsqu'elles reluisent sur les orteils et les jouets.

«Regarde cette lumière bouger!»

6 MOIS ET PLUS

• JOUER DANS LE BAIN • JEUX PENDANT LE CHANGEMENT DE LA COUCHE • MUSIQUE ET MOUVEMENT • ACTIVITÉS PHYSIQUES • PLAISIR TACTILE •

L'ENFANT AU TAMBOUR

BOUM ! BOUM ! BOUM !

HABILETÉS

À cet âge, *les bébés commencent à acquérir une notion très élémentaire de cause et effet. Frapper un objet qui produit un bruit renforce ce concept et développe la coordination œil-main du bébé. Le fait d'entendre les différents sons produits par divers objets l'aide à se familiariser avec les propriétés de ces objets, ce qu'il transférera éventuellement à d'autres situations.*

Cause et effet	✔
Coordination œil-main	✔
Écoute	✔

SI VOTRE BÉBÉ AIME CETTE ACTIVITÉ, essayez aussi *Musiciens en herbe,* *en page 116.*

LA CAPACITÉ de manipuler des objets est très valorisante pour de jeunes bébés en plein développement de leurs habiletés motrices fines, mais lorsque ces objets font du bruit, leur plaisir est encore plus grand. Il est facile de divertir bébé en installant près de lui des pots, des casseroles et des bols et en lui donnant des cuillères en bois. Montrez-lui comment taper sur les «tambours» pour produire des sons, puis encouragez-le à le faire lui-même. Il pourrait frapper accidentellement sur les pots et aimer tellement l'effet qu'il se mettra à taper volontairement de lui-même sur cette batterie improvisée.

RANTANPLAN et boum! boum! boum!... cette batterie élémentaire l'initie aux plaisirs de faire du bruit, ainsi qu'à l'idée que ses actions peuvent influencer son entourage.

DE LA JOIE AVEC DES MARIONNETTES À DOIGTS

6 MOIS
6
ET PLUS

LA MAGIE AU BOUT DES DOIGTS

FASCINÉS PAR LE MOUVEMENT et raffolant des animaux en peluche, les bébés constituent l'auditoire idéal pour un spectacle de marionnettes miniature. Glissez une ou deux marionnettes à doigts sur vos doigts et faites-les danser, s'embrasser, se chatouiller, chanter et parler à votre petit spectateur. À cet âge, il voudra sans doute les toucher, saisir une marionnette et se la mettre dans la bouche, ce qui est normal (laissez-le faire, mais assurez-vous que les marionnettes ne contiennent pas de petits morceaux susceptibles de se détacher et d'être avalés). Il réagira peut-être aussi en babillant, en émettant des gazouillis et en lançant des framboises à ces comédiens en mouvement.

• Trouvez une chanson appropriée et transformez votre spectacle en comédie musicale!

HABILETÉS

Écouter les marionnettes *parler et chanter initiera l'enfant à l'art de la conversation, alors que la première personne parle (ou la marionnette), puis que l'autre personne répond. Interpellé par ses petits amis, l'enfant est à la fois diverti et stimulé et sera peut-être tenté d'interagir avec vous.*

✔ **Développement social**

✔ **Stimulation tactile**

UNE JOYEUSE SOURIS
mauve lui fera un excellent
partenaire avec qui babiller.

123

«Où est l'écharpe?»

PARFOIS, UN SIMPLE tube de carton
suffit à envoyer un bébé au septième ciel.

ÉCHARPES MAGIQUES

UN TOUR DE MAGIE

SI VOUS ÊTES EN QUÊTE d'un jouet polyvalent qui saura intéresser votre enfant pendant plusieurs étapes de son développement, ne cherchez plus et dirigez-vous vers l'armoire la plus proche. De vieilles écharpes en soie amuseront votre enfant pendant toutes ses années préscolaires. Pendant qu'il est encore bébé, l'un des jeux les plus appropriés consiste à insérer une écharpe de couleur vive dans l'une des extrémités d'un tube de carton et de le laisser pendre de l'autre côté du tube. Le tube n'est pas absolument essentiel, car vous pouvez aussi cacher la majeure partie de l'écharpe dans votre poing et laisser l'enfant chercher où il se trouve et en saisir l'extrémité. Ajoutez un élément excitant à ce jeu en y intégrant un brin de mystère par la parole : «Où est l'écharpe?» «Où est-elle partie?» «Oh, la voilà!» «Coucou!» pour faire participer l'enfant.

FABRIQUEZ LE VÔTRE

Si vous n'avez aucune écharpe à portée de la main, achetez un morceau de tissu muni de carrés de couleurs vives dans une boutique ou un magasin de tissus. Des boîtes de mouchoirs vides peuvent remplacer le tube de carton. Montrez à votre enfant comment insérer l'écharpe à l'intérieur de la boîte et la retirer.

HABILETÉS

Saisir l'écharpe de soie *et la sortir du tube permet à l'enfant d'exercer sa coordination œil-main en plus de ses habiletés motrices fines. De plus, le fait de voir l'écharpe disparaître et de la voir réapparaître à l'autre extrémité augmentera sa compréhension de la permanence des objets.*

SI VOTRE BÉBÉ AIME CETTE ACTIVITÉ, essayez aussi *Planches de jeux, en page 127*.

✔ **Coordination oeil-main**

✔ **Permanence des objets**

✔ **Stimulation tactile**

ARRÊTER LA TOUPIE

ÇA TOURNE RONDEMENT

HABILETÉS

Toucher un objet *stationnaire comme un bloc est un défi, mais localiser et toucher à un objet qui se déplace est une autre paire de manches. Il s'agit d'une activité que votre enfant devra pratiquer à maintes reprises. De plus, constater qu'un simple toucher suffit pour arrêter la toupie ou l'envoyer par terre donne à votre enfant une leçon sur la notion de cause et d'effet.*

Cause et effet	✔
Coordination œil-main	✔
Relation spatiale	✔

SI VOTRE BÉBÉ AIME CETTE ACTIVITÉ, essayez aussi *Attrape-moi cette bulle,* en page 115.

L A   T O U P I E est un jouet traditionnel qui fait la joie des bébés. Les plus petits ne sont évidemment pas capables d'exercer une pression suffisante de haut en bas sur la poignée, mais cela ne doit pas pour autant en faire des observateurs passifs. Faites tourner la toupie devant votre bébé et montrez-lui comment l'arrêter en la touchant avec votre main. En un rien de temps, il aura compris comment faire cesser de lui-même ce tournoiement de couleurs et ce bruissement harmonieux.

UNE TOUPIE est fascinante et aide l'enfant à développer sa coordination œil-main.

PLANCHES DE JEUX

6 MOIS ET PLUS

DE PETITES TÂCHES POUR DE PETITS DOIGTS

LES PLANCHES DE JEUX TRADITIONNELLES avec des cylindres et des cadrans qui tournent et des boutons produisant des sons aigus occupent les mains de bébé et lui procurent des heures de plaisir. Toutefois, vous devrez installer la planche de jeu de façon à ce que tous les jeux soient à sa portée et lui en montrer le fonctionnement, puis le laisser les essayer lui-même. Pour commencer, il ne pourra que réussir à faire les activités les plus simples comme frapper un ballon qui tourne ou introduire son doigt dans une ouverture du cadran, mais au fil des mois il apprendra à tourner le cadran et à obtenir des sons en jouant avec les boutons.

VOUS PIQUEREZ sa curiosité et l'occuperez pendant des heures avec un de ces jeux classiques.

HABILETÉS

Même les activités les plus simples *permettent à un bébé de développer sa dextérité et sa coordination manuelles, ce qui lui permettra de passer à des activités plus complexes en l'espace de quelques mois. Apprendre qu'en touchant à différents boutons, il est possible d'obtenir des résultats différents l'aide à classifier mentalement ces résultats et lui permet de développer son sentiment de maîtrise.*

✔ **Cause et effet**

✔ **Coordination œil-main**

✔ **Habiletés motrices fines**

SI VOTRE BÉBÉ AIME CETTE ACTIVITÉ, essayez aussi *Livre d'activités,* *en page 162.*

127

L'ANXIÉTÉ FACE À LA SÉPARATION

AU MOMENT MÊME où votre bébé acquiert une bonne dose de mobilité et un brin d'autonomie, il désirera soudainement votre présence. La nouvelle indépendance de votre bébé et son sentiment d'anxiété à l'idée d'être séparé de vous sont intimement liés. Maintenant qu'il est en mesure de se déplacer, il comprend à quel point il est facile d'être séparé de vous. Savoir que votre présence est aussi importante est sûrement flatteur, mais peut aussi vous irriter. Voici quelques conseils pour vous faciliter la tâche durant cette période.

Respectez-le : rappelez-vous que votre présence est encore essentielle à l'enfant et qu'il ne doit pas être triste à la pensée que vous n'êtes pas là.

Rassurez-le : tenez-le contre vous, parlez-lui, chantez-lui une chanson et une fois qu'il sera calmé, divertissez-le en lui donnant un livre ou un jouet. En réassurant l'enfant dès maintenant, il se sentira plus en sécurité ensuite.

Protégez-le : l'anxiété de la séparation et la peur de l'étranger vont souvent de pair. Lorsque des étrangers s'approchent trop de votre enfant, expliquez-leur qu'il n'est pas à l'aise avec des gens qu'il ne connaît pas et laissez-le se réfugier sur votre épaule. Ne le disputez pas parce qu'il est timide, car c'est tout à fait indépendant de sa volonté. Avec le temps, la plupart des bébés s'habitueront à la présence de nouvelles personnes qui sont amicales et douces dans leur approche. Dites-lui la vérité. Vous auriez envie de vous sauver par la porte arrière lorsque vous devez le laisser en compagnie d'une gardienne, mais cela ne serait pas bon pour l'enfant. S'il pense que vous disparaissez réellement soudainement, de temps à autre, il sera davantage porté à paniquer si vous quittez la chambre. Soyez souriant et clair lorsque vous annoncez votre départ, dites-lui que vous l'aimez, puis sortez. S'il s'aperçoit qu'il peut vous faire confiance et que vous allez vraiment revenir, il se sentira plus rassuré.

N'oubliez pas qu'il s'agit d'une phase temporaire, les bébés, les tout-petits et les enfants d'âge préscolaire vivent tous des périodes d'anxiété face à la séparation. Avec du réconfort, de l'amour et de l'encouragement, la plupart des enfants finissent par devenir suffisamment autonomes.

6 MOIS ET PLUS

RON RON MACARON

EXERCICE DE REDRESSEMENT

VOTRE BÉBÉ a probablement aimé se faire bercer et être maintenu sur vos genoux quand il n'avait que quelques mois. Maintenant qu'il a développé ses muscles, il sera plus motivé à se tenir debout sur ses propres pieds avec votre aide. Faites-en un exercice ludique en l'accompagnant d'un chant joyeux. Commencez en allongeant votre bébé sur le dos de façon à ce qu'il soit face à vous, jambes droites, puis aidez-le doucement à s'asseoir et à se redresser dans le cadre de cet exercice.

IL SE TIENT DEBOUT, apprend des mots et ce qui est encore mieux, c'est que vous vous regardez directement pendant le jeu.

RON, RON MACARON

Ron, ron macaron
Mettez vos bras autour de l'enfant et les siens autour de votre cou et répétez ce geste chaque fois que vous chantez Ron, ron macaron
tu t'éloignes de la maison
Éloignez vos mains de celles de l'enfant
Fais ceci, fais cela et donne-moi la main comme ça
Joignez vos mains à celles du bébé
Ron, ron macaron touche ton nez et ton menton
Touchez le nez et le menton de votre bébé
Fais ceci, fais cela et touche tes orteils comme ça
Remettre le bébé en position assise
Ron, ron macaron, tu t'élèves comme un avion
Relevez le bébé en position debout
Fais-ci, fais cela et vole et vole comme ça
Soulevez le bébé dans les airs

✔ **Mouvements globaux**

✔ **Développement du langage**

✔ **Force du bas du corps**

LA MONTAGNE DE COUSSINS

INITIATION À L'ESCALADE

HABILETÉS

Votre enfant doit utiliser *sa technique de locomotion, dans laquelle il utilise alternativement ses mains et ses jambes pour escalader une surface verticale. Cette pratique requiert une bonne dose de coordination, de force et d'équilibre. Cependant, une fois qu'il aura réussi, il sera prêt à se frotter à des portiques d'escalade, des monticules de boue escarpés et aux échelles des terrains de jeu.*

Équilibre	✔
Coordination bilatérale	✔
Mouvements globaux	✔
Force du haut du corps	✔

SI VOTRE BÉBÉ AIME CETTE ACTIVITÉ, essayez aussi *Course à obstacles,* en page 153.

APPRENDRE À SE PROMENER À QUATRE PATTES remplira de fierté votre petit héros. Une fois qu'il aura maîtrisé les mouvements horizontaux à quatre pattes, il sera prêt à tenter l'escalade. Empilez quelques coussins au sol et montrez-lui comment passer par-dessus. En moins de deux, votre enfant gloussera de plaisir devant ce défi vertical et le terrain de boue sinueux qui l'attendent.

• Ce ne sont pas tous les bébés qui seront portés à grimper sur une montagne de coussins et il serait bon de placer un jouet neuf ou l'un de ses préférés au sommet des coussins pour donner le goût à l'enfant de s'y aventurer.

• Intégrer une partie de cache-cache à l'exercice donnera du courage à un bébé un peu craintif. Cachez-vous derrière un coussin et encouragez-le à grimper sur les autres pour venir vous rejoindre. Les grimpeurs efficaces pourraient aussi apprécier une partie de : «Je vais t'attraper» (voir page 140) dans laquelle vous le poursuivez gentiment par-delà la montagne coussinée.

IL ESCALADERA LA MONTAGNE pour voir ce qu'il y a là-haut si vous êtes avec lui et que la montagne est faite de coussins.

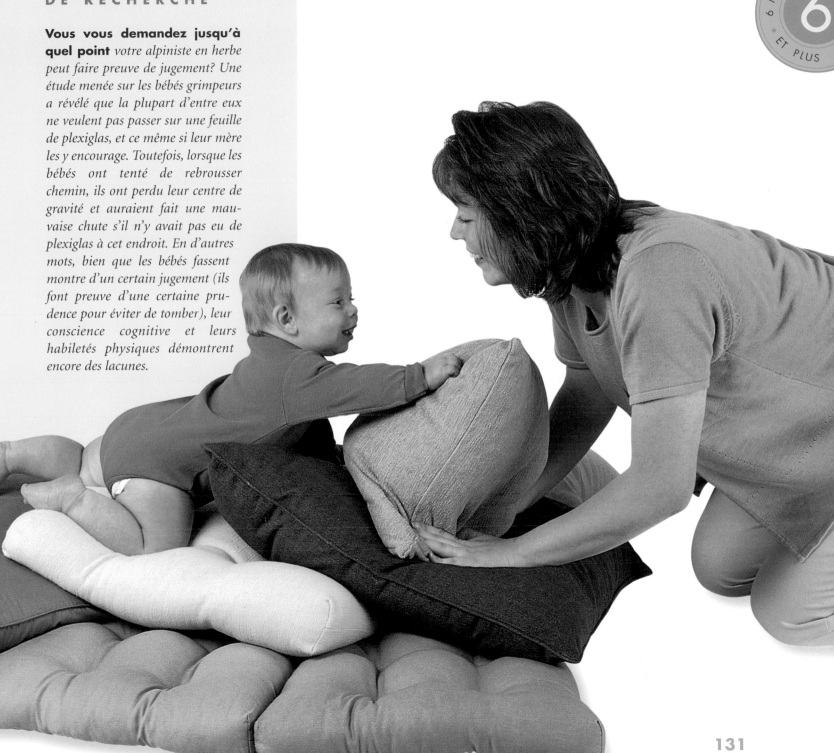

RAPPORT DE RECHERCHE

Vous vous demandez jusqu'à quel point *votre alpiniste en herbe peut faire preuve de jugement? Une étude menée sur les bébés grimpeurs a révélé que la plupart d'entre eux ne veulent pas passer sur une feuille de plexiglas, et ce même si leur mère les y encourage. Toutefois, lorsque les bébés ont tenté de rebrousser chemin, ils ont perdu leur centre de gravité et auraient fait une mauvaise chute s'il n'y avait pas eu de plexiglas à cet endroit. En d'autres mots, bien que les bébés fassent montre d'un certain jugement (ils font preuve d'une certaine prudence pour éviter de tomber), leur conscience cognitive et leurs habiletés physiques démontrent encore des lacunes.*

DES CHANSONS POUR LES PETITS AMIS

LES ÉMISSIONS DE TÉLÉVISION et les vidéocassettes présentent de nombreuses chansons destinées aux jeunes enfants, mais ce sont souvent les chansons les plus anciennes qui ont le plus de charme, car ils permettent de tisser des liens entre les générations. Faites participer votre enfant en lui montrant les gestes des mains suggérés par les chansons et invitez toute la famille à prendre part au jeu.

BRRR... IL FAIT FROID

Claque, claque tes mains
Tapez dans vos mains
Elles ont chaud, elles sont bien
Frotte, frotte ton front
Faites le geste
Il rougit comme un lampion
tape, tape tes joues
Posez vos mains sur les joues de l'enfant
Mais pas comme un petit fou
Dring, dring ton nez
Pointez son nez du bout de votre index
C'est pour bien le réchauffer
Gratte, gratte ton menton
Chatouillez légèrement le menton de votre bébé
Barbichette, barbichon.

IL PLEUT, IL MOUILLE

Il pleut, il mouille,
C'est la fête à la grenouille,
Et quand il ne pleuvra plus,
Ce sera la fête à la tortue.

POMME DE REINETTE

Pomme de reinette et pomme d'api,
D'api, d'api rouge,
Pomme de reinette et pomme d'api,
D'api, d'api gris.

J'AI UN GROS NEZ ROUGE

J'ai un gros nez rouge,
Mimez avec une main
un chapeau qui bouge,
Mimez avec deux mains
deux grandes savates,
Mimez avec vos pieds
un grand pantalon,
Mimez le geste d'enfiler
et quand je me gratte...
Grattez-vous sous les bras
je saute au plafond !
Bondissez

POT-POURRI

Bonhomme, bonhomme, sais-tu jouer (bis)
Sais-tu jouer de ce violon-là?
Imitez quelqu'un qui joue du violon
Un oiseau sur une branche, il fait beau, c'est dimanche.
Imitez le mouvement d'un oiseau qui vole
Combien pour le p'tit chien dans la vitrine?
Ce joli p'tit chien jaune et blanc.
Mettez vos paumes sur vos yeux
C'est la p'tite bébête qui monte, c'est la p'tite bébête qui monte sur ta tête.
Faites courir vos doigts du ventre du bébé jusqu'à son menton

LES GENOUX DE MAMAN
constituent encore le meilleur
siège pour un bébé qui fait
l'audition de ses chansons préférées.

LE VOICI et hop, le voilà disparu… même une couverture et un jouet peuvent enseigner à de jeunes enfants des leçons importantes sur la permanence des objets tout en s'amusant.

Voilà à peine quelques mois, *votre bébé faisait l'expérience des contractions, des tremblements et des mouvements buccaux amusants associés à ses nouveaux réflexes. Maintenant, il est capable de s'asseoir, de remuer ses jambes et de retirer une couverture sur son jouet en peluche. Que s'est-il passé? Ces premiers réflexes, comme la respiration et les battements de cœur ont pris naissance dans le tronc cérébral de votre bébé, qui avait déjà atteint sa pleine maturité quand celui-ci est né. Cependant, entre l'âge de quatre et sept mois, le cortex de l'enfant, responsable des actes moteurs se développe et permet la progression de la motricité.*

MAIS OÙ DONC EST PASSÉ LE JOUET ?

UNE VARIATION DU JEU DE CACHE-CACHE

QUAND IL N'ÉTAIT qu'un tout petit bébé, votre enfant était une créature du type «sans vision, sans esprit». Ainsi, si vous cachiez un jouet, il s'imaginait qu'il n'existait plus. Cependant, maintenant qu'il a atteint le seuil des six mois, il ne pense plus de la même façon. Bien qu'il ne sache pas exactement où le jouet est passé ou pourquoi il a disparu, il comprend qu'il existe toujours, quelque part, au moins pour un moment. Augmentez sa compréhension de cette vérité fondamentale en jouant à cache-cache en vous servant de quelques jouets.

• Cachez partiellement un livre ou un de ses jouets en peluche préférés sous les couvertures du bébé. Demandez-lui : «Où est-il? Où est-il donc passé?». Vous devrez probablement l'aider la première fois, mais quand il aura compris que le reste du jouet est associé à la partie qu'il voit, il plongera avec enthousiasme sous la couverture.

• Bientôt, vous pourrez cacher entièrement l'objet. Tant et aussi longtemps que votre bébé verra où vous cachez le jouet ou en apercevra les contours sous la couverture, il sera capable de le trouver.

HABILETÉS

Apprendre qu'un objet *existe même si il ne peut le voir aide votre bébé à comprendre la permanence des objets. Il s'agit là du facteur clé qui permettra à l'enfant de tolérer d'être séparé de vous ainsi que de se remémorer des gens ou des endroits qu'il a déjà vus, mais qui sont actuellement hors de sa vue. Cette habileté a pour nom «mémoire représentationnelle».*

✔ **Habiletés motrices fines**

✔ **Permanence des objets**

SI VOTRE BÉBÉ AIME CETTE ACTIVITÉ, essayez aussi *Jeux de cache-cache,* en page 67.

6 MOIS ET PLUS

• JOUER DANS LE BAIN • JEUX PENDANT LE CHANGEMENT DE LA COUCHE • MUSIQUE ET MOUVEMENT • ACTIVITÉS PHYSIQUES • PLAISIR TACTILE •

UNE ARMOIRE POUR BÉBÉ

PREMIÈRES EXPLORATIONS

HABILETÉS

Des étagères remplies *de «jouets» invitants aide votre enfant à pratiquer sa technique de «conquête», soit son habileté à voir un objet, essayer de l'atteindre et s'en emparer. Le fait d'avoir à sa disposition différents objets à manipuler permet à votre bébé de se familiariser davantage avec les propriétés physiques comme la taille, la forme et le poids. Cela lui donne aussi l'occasion d'explorer et de découvrir par lui-même.*

MAINTENANT QUE VOTRE BÉBÉ EST CAPABLE DE SE DÉPLACER, il est important que vous mettiez hors de sa portée tout objet cassant se trouvant dans une armoire, ainsi que les produits de nettoyage, les pots et les casseroles pesants ou autres objets qui pourraient le blesser. Toutefois, s'il vous voit sortir des objets de l'armoire, il voudra à coup sûr vous imiter, car saisir des objets et vider des tablettes et des armoires constituent des jeux très appréciés des bébés de cet âge. Pour que bébé demeure en sécurité et puisse satisfaire son envie d'explorer et d'imiter, réservez une armoire pour son usage exclusif. Une armoire déverrouillée remplie d'objets invitants et ne présentant aucun danger, par exemple des serviettes, des bols de plastique, des tasses à mesurer, des moules à muffin et quelques-uns de ses jouets favoris le tiendront occupé et vous donneront un peu de temps pour vous occuper de cuisiner, de faire la vaisselle ou même de lire le journal.

Habiletés motrices fines	✔
Mouvements globaux	✔
Développement sensoriel	✔
Distinction visuelle	✔

◀ SI VOTRE BÉBÉ AIME CETTE ACTIVITÉ, essayez aussi *Le plaisir de vider un contenant, en page 109.*

BÉBÉ «TRAVAILLE» lui aussi dans la cuisine, mais sans toutefois causer de problèmes ni faire de dégâts.

• JOUER DANS LE BAIN • JEUX PENDANT LE CHANGEMENT DE LA COUCHE • MUSIQUE ET MOUVEMENT • ACTIVITÉS PHYSIQUES • **PLAISIR TACTILE** •

6 MOIS ET PLUS
6

JOUER DANS LE SABLE

UN INGÉNIEUR TRÈS PRÉCOCE

HABILETÉS

Jouer dans le sable *présente de nombreux avantages, y compris le fait de permettre à votre enfant de développer ses habiletés motrices fines (remplir un objet de sable et creuser avec une pelle, une cuillère ou ses doigts), l'exploration des propriétés d'éléments comme le sable ou la semoule de maïs et de le familiariser avec des concepts comme plein, vide, lourd, léger et même «oh-oh» (lorsqu'il répand le sable hors du bac de sable).*

Habiletés motrices fines	✔
Mouvements globaux	✔
Stimulation tactile	✔

À L'ÂGE DE SIX MOIS, vous pouvez initier votre bébé aux plaisirs de jouer dans le sable, même s'il ne fait pas beau ou que vous n'avez pas un grand bac de sable à votre disposition. Vous pouvez créer un bac de sable miniature. Installez une grande cuvette à vaisselle à l'extérieur ou étalez des journaux si le bébé joue à l'intérieur (afin de parer aux débordements). Remplissez la cuvette de sable propre (en vente dans les boutiques de jouets) ou de semoule de maïs et donnez à votre bébé des pelles et des tasses de plastique, des cuillères en bois et tout autre outil dont vous croyez qu'il voudra se servir et laissez-le s'amuser. Il est possible qu'il essaie de manger du sable, mais il appréciera davantage la sensation de sentir le sable s'écouler entre ses doigts!

JOUER DANS LE SABLE offre différentes formes de plaisir, surtout lorsqu'un parent ou un autre enfant participe au jeu.

138

JOUETS AVEC PIÈCES RÉTRACTABLES

ABRACADABRA, IL EST DISPARU !

LES JOUETS RÉTRACTABLES avec personnages apparaissant comme par enchantement sur simple pression d'un bouton offrent d'innombrables heures de plaisir aux enfants qui sont en plein développement de leurs habiletés motrices fines. Comme votre bébé ne sera peut-être capable que de faire rentrer les personnages, vous devrez jouer avec les boutons pour les faire réapparaître. Ne vous inquiétez pas, cet exercice saura grandement stimuler votre enfant et avant longtemps il apprendra comment soulever les personnages, tourner les clés et presser les touches les plus difficiles pour faire réapparaître les animaux lui-même.

«OÙ EST LE PANDA?» Ah, le voici, et c'est moi qui l'ai fait apparaître! Les jeux rétractables permettent aux enfants de jouer à cache cache, même lorsqu'il n'y pas d'adultes qui participent au jeu.

HABILETÉS

La capacité de faire disparaître un personnage est très valorisante pour un bébé qui se familiarise avec la permanence des objets et l'anxiété de la séparation, car cet exercice lui permet de contrôler la séparation. Apprendre à faire rentrer les animaux à l'intérieur du jouet et à les faire réapparaître permet à l'enfant d'exercer ses habiletés motrices fines et d'augmenter sa compréhension de la notion de cause et d'effet.

✔ **Cause et effet**

✔ **Coordination œil-main**

✔ **Habiletés motrices fines**

SI VOTRE BÉBÉ AIME CETTE ACTIVITÉ, essayez aussi *Planches de jeux,* *en page 127.*

139

JE VAIS T'ATTRAPER

UN JEU DE POURSUITE TRADITIONNEL

HABILETÉS

Voici un jeu *qui se pratique à deux et qui éveillera sa conscience sociale et son sentiment de confiance. Avoir une raison de grimper lui permet aussi d'améliorer ses mouvements globaux.*

Équilibre	✔
Mouvements globaux	✔
Développement social	✔

SI VOTRE BÉBÉ AIME CETTE ACTIVITÉ, essayez aussi *La montagne de coussins, en page 130.*

PERSONNE NE SAIT VRAIMENT pourquoi les bébés aiment tant qu'on coure après eux et être surpris. Quoi qu'il en soit, même la plupart des trotteurs précoces semblent penser qu'être poursuivi par une personne qui prend soin d'eux et qu'ils apprécient est très amusant.

• Commencez à glisser lentement derrière votre bébé en murmurant : «Je vais t'attraper… J'vais t'attraper… J'vais t'attraper!» Saisissez doucement l'enfant et dites-lui : «Je t'ai eu!» Vous pouvez le soulever dans les airs, embrasser la naissance de son cou et chatouiller ses côtes, mais demeurez doux dans vos gestes afin de ne pas trop le surprendre, car après tout ce n'est encore qu'un bébé.

• Une bonne poursuite ne fait pas seulement la joie des enfants de cet âge, mais également de ceux qui ont commencé à marcher et le jeu progressera jusqu'à devenir un véritable jeu de cache-cache et de chat perché.

UNE POURSUITE EN DOUCEUR indique à votre enfant que Maman peut être drôle et turbulente en plus d'être douce et calme. Ceci aide l'enfant à mieux comprendre l'éventail des comportements humains.

140

«Je t'ai attrapé!»

RAPPORT DE RECHERCHE

Vous avez sans doute remarqué qu'il n'était pas nécessaire d'instaurer un jeu de poursuite élaboré pour que votre bébé pousse des cris de plaisir. Ainsi, le seul fait de vous entendre grogner : «Je vais t'attraper» suffira à le faire glousser de plaisir, car à cet âge, sa mémoire est assez développée pour qu'il se souvienne de ce qui va suivre.

Cela veut-il dire qu'il se souviendra de votre étonnante performance à ce jeu de poursuite lorsqu'il sera adolescent? Voilà qui est discutable. Pendant de nombreuses années, les chercheurs ont cru qu'il était impossible de se souvenir d'événements vécus avant qu'un enfant ait développé son langage. Toutefois, d'autres recherches plus récentes ont démontré que des enfants âgés d'un an et de deux ans sont capables de se souvenir d'événements qui se sont produits alors qu'ils étaient âgés d'un an, s'ils sont évoqués clairement. Cela veut dire que votre enfant continuera d'apprécier vos efforts précédents même une fois qu'il aura commencé à marcher, même s'il sera incapable de les verbaliser.

141

6 MOIS ET PLUS

• JOUER DANS LE BAIN • JEUX PENDANT LE CHANGEMENT DE LA COUCHE • MUSIQUE ET MOUVEMENT • **ACTIVITÉS PHYSIQUES** • PLAISIR TACTILE •

LA BOUTEILLE ROULANTE

LA CHASSE EST OUVERTE

HABILETÉS

Si votre bébé se lance *à la poursuite de sa bouteille, il pratiquera ainsi ses randonnées à quatre pattes. S'il choisit de s'asseoir et de faire rouler la bouteille de l'avant à l'arrière, il exercera ses habiletés motrices fines de même que sa coordination œil-main.*

Coordination œil-main	✔
Habiletés motrices fines	✔
Mouvements globaux	✔

◄ SI VOTRE BÉBÉ AIME CETTE ACTIVITÉ, essayez aussi *Jouer au ballon,* en page 112.

IL N'Y A RIEN D'ANORMAL à ce que votre enfant commence à se promener à quatre pattes plus tard que le bébé du voisin, car dans quelques années à peine, les deux enfants courront et grimperont allégrement. Toutefois, si vous désirez motiver un enfant qui tarde à se promener à quatre pattes ou qui ne semble pas très intéressé par la chose, un biberon rempli de fèves ou de graines peut s'avérer un formidable incitatif. N'emplissez le biberon que partiellement (de façon à ce que le contenu bouge) et faites-le rouler au sol en face de votre bébé. Assurez-vous que l'extrémité du biberon soit solidement fermée. Et s'il n'a aucune réaction? Montrez-lui comment faire rouler le biberon de l'avant à l'arrière afin qu'il puisse s'amuser en position assise.

VA LE CHERCHER ! Il adorera observer, écouter et poursuivre ces biberons roulants.

QUEL CASSE-TÊTE !

EN QUÊTE DU BON MORCEAU

ASSEMBLER UN CASSE-TÊTE est un exercice encore trop complexe pour votre bébé, mais il comprendra sans peine le concept simple de ces casse-tête en bois fabriqués pour des bébés un peu plus âgés et les enfants qui ont commencé à marcher. Ceux qui présentent des formes simples et de gros morceaux et qui sont munis de boutons sont particulièrement faciles, tout comme ceux qui comportent des images en dessous. Il y a un moyen de mettre ces grosses pièces à leur place de façon égale et vous devrez probablement lui indiquer comment faire afin qu'il puisse le faire de lui-même.

HABILETÉS

Jouer avec un casse-tête, *même si ce n'est que pour le défaire, est un exercice formidable pour le développement des habiletés motrices fines et la relation spatiale d'un bébé. Le fait d'apprendre où les morceaux du casse-tête doivent être placés exerce aussi sa mémoire visuelle et sa compréhension des formes, des tailles et des couleurs.*

DES MORCEAUX DE CASSE-TÊTE EN BOIS DE GRANDE DIMENSION
comportant des images de couleur sont agréables à l'œil et aident un bébé à se familiariser avec les formes et les dimensions.

✔	**Habiletés motrices fines**
✔	**Résolution de problème**
✔	**Distinction : formes et dimensions**
✔	**Distinction visuelle**

SI VOTRE BÉBÉ AIME CETTE ACTIVITÉ, essayez aussi *Ensemble de boîtes,* en page 168. ▶

143

9 MOIS ET PLUS

FOOTBALL POUR BÉBÉ

UN TRAVAIL D'ÉQUIPE

HABILETÉS

Le fait de balancer ses jambes *aide votre enfant à renforcer les muscles de ses jambes et de son ventre. Il apprend aussi à localiser un objet en mouvement, ce qui lui donne une certaine préparation lorsque vient le temps de donner un coup de pied sur un ballon de foot.*

V OTRE BÉBÉ n'apprendra à donner un coup de pied sur un ballon de football (soccer) que pendant sa deuxième année d'existence et ce même si un enfant de neuf mois peut disputer une furieuse partie de foot si vous lui prêtez vos muscles. Prenez-le sous les bras et balancez ses jambes en direction d'un ballon léger de dimension moyenne. La position de son corps et de ses jambes, combinée à votre élan permettra au ballon de rouler au sol. Vous n'êtes pas obligés de jouer uniquement à deux. Des membres de la famille plus âgés peuvent aussi participer à l'action ou mettez sur pied une autre équipe formée d'un adulte et d'un bébé. Comme le veut le dicton, plus il y a de fous, plus on s'amuse!

Coordination œil-pied	✔
Mouvements globaux	✔
Habiletés sociales	✔

SI VOTRE BÉBÉ AIME CETTE ACTIVITÉ, essayez aussi *Je vais t'attraper,* en page 140.

«Il lance… et compte!»

144

LORSQUE C'EST LE
GRAND FRÈRE qui joue le
rôle du gardien de but, c'est une
vraie fête!

À LA DÉCOUVERTE DU SON

UN EXERCICE D'ÉCOUTE

HABILETÉS

Une écoute attentive *représente une solide assise pour le développement du langage de votre enfant. Cela lui permet de localiser et de reconnaître les sons. Avec d'autres expériences et la répétition, il commencera à se construire un répertoire de langage réceptif.*

Développement du langage	✔
Écoute	✔
Développement sensoriel	✔
Habiletés sociales	✔

IL N'EST PAS NÉCESSAIRE DE CONSACRER TOUT VOTRE TEMPS avec votre enfant à parler, jouer, lire ou stimuler de quelque façon son esprit en éveil. Contentez-vous de vous asseoir et d'observer des choses courantes, car cela permet aussi de développer la conscience sensorielle et cognitive de votre bébé. Comme exercice d'écoute simple, nous vous conseillons de trouver un endroit où votre bébé pourra entendre différents sons. À l'intérieur, l'enfant entendra les ongles du chien résonner sur le plancher de la cuisine, le moteur du réfrigérateur, la sonnerie du téléphone ou le passage des autos. À l'extérieur, il entendra les oiseaux chanter, le bruissement des feuilles, un carillon éolien qui sonne ou le passage d'un avion. Attirez son attention vers le bruit; indiquez-lui d'où il provient et dites-lui ce qui le provoque. Vous pouvez lui permettre de participer au bruit en touchant le carillon éolien ou en lui montrant comment imiter des sons, comme par exemple le pépiement («tweet-tweet») d'un oiseau ou le vrombissement «vroum, vroum» du moteur d'une auto qui passe dans la rue.

SI VOTRE BÉBÉ AIME CETTE ACTIVITÉ, essayez aussi *En avant l'exploration* en page 150.

LES SONS COURANTS de la vie
de tous les jours semblent de la
musique aux oreilles d'un jeune enfant.

147

VOYAGER AVEC BÉBÉ

LORSQUE votre enfant aura atteint l'âge de neuf mois, vous aurez probablement établi un mode de vie domestique stable. Vous aurez alors des liens solides avec votre enfant, votre maison sera sécuritaire et vous saurez comment divertir votre bébé tout en lui assurant la sécurité.

Cependant, une fois que vous quitterez le confort du foyer, vous constaterez que la vie avec un bébé de cet âge n'est pas toujours une sinécure. Bien qu'un très jeune bébé soit porté à dormir durant les voyages en avion et les réunions de famille, un enfant un peu plus âgé a des désirs et des besoins différents et aura tendance à rouspéter.

Cela veut-il dire que vous devriez éviter de voyager avec votre bébé avant qu'il soit devenu adolescent? Pas du tout. Les familles ont besoin de prendre des vacances et la plupart des gens de votre parenté seront enchantés de vous accueillir. Il s'agit de prévoir les vacances les plus agréables possible et de se préparer advenant l'éventualité d'un problème.

Notez bien les habitudes de votre bébé : si vous planifiez votre voyage en tenant compte des heures approximatives auxquelles l'enfant fait ses siestes, vous vous éviterez l'anxiété de composer avec un bébé fatigué une fois rendu à destination. Tout au long du voyage, n'oubliez pas que plus votre bébé se reposera, plus votre famille s'amusera.

N'oubliez pas les articles qui lui tiennent à cœur : si votre bébé a un jouet en peluche ou une couverture confortable, n'oubliez pas de l'apporter. La présence d'objets familiers l'aidera à vivre plus facilement la transition vers un nouvel environnement.

N'oubliez pas sa nourriture : à l'hôtel ou dans la cuisine d'un ami, il ne sera peut-être pas possible de préparer le goûter favori de votre petit trésor. Faites provision de biscuits, de céréales sèches et de fruits et effectuez une épicerie rapide lorsque vous arriverez, de façon à avoir tout ce qu'il vous faut sous la main.

N'oubliez pas ces mesures de sécurité : vous n'arriverez pas à vous détendre si vous êtes inquiet pour sa sécurité. Apportez avec vous quelques bouchons de prises de courant et des loquets d'armoire.

N'oubliez pas vos propres besoins : voyager est fatigant, et ce même sans la présence d'un bébé. Essayez de manger sainement, de bien dormir et de faire de l'exercice. En demandant à quelqu'un de la famille de surveiller votre enfant ou en embauchant une gardienne jouissant d'une bonne réputation, vous disposerez d'un peu de temps pour vous-même.

9 MOIS ET PLUS

BIP ! BIP !

L'EXPLORATION DU MOUVEMENT

IL EST QUELQUEFOIS difficile de savoir quel est le meilleur moment pour présenter certains jouets à l'enfant, car on ne sait pas quel niveau d'habileté l'enfant doit posséder afin d'être en mesure de s'en servir. Toutefois, même un enfant qui est encore trop jeune pour marcher peut utiliser un jouet à enfourcher, pourvu que ses jambes soient assez longues pour toucher au sol. Pour commencer, vous devrez le pousser un peu pour qu'il comprenne en quoi consiste le jeu. Dans peu de temps, il se donnera un élan de lui-même (bien qu'il commencera peut-être par reculer en premier, tout comme c'est le cas lorsqu'il a commencé à se promener à quatre pattes) et criera de plaisir en se déplaçant d'une pièce à une autre.

SON PREMIER JOUET À ENFOURCHER lui fera découvrir les joies de se déplacer de lui-même et c'est aussi un excellent exercice !

HABILETÉS

La majorité des bébés *n'arrivent pas à utiliser leurs jambes en alternance avant l'âge de deux ans lorsqu'ils se servent d'un jouet à enfourcher. Toutefois, en se déplaçant d'eux-mêmes vers l'avant et l'arrière avec les deux pieds à la fois, ils s'habitueront à effectuer des mouvements globaux et développeront leur équilibre.*

✔ **Équilibre**

✔ **Mouvements globaux**

✔ **Force du bas du corps**

SI VOTRE BÉBÉ AIME CETTE ACTIVITÉ, essayez aussi *Tu me pousses, je te tire,* en page 176.

149

EN AVANT L'EXPLORATION

LA PREMIÈRE RANDONNNÉE DE BÉBÉ

HABILETÉS

Il est facile, en tant qu'adulte *de prendre notre environnement quotidien pour acquis, car nous le voyons et l'entendons chaque jour depuis des années. Cependant, pour un bébé, à peu près tout est nouveau et l'intrigue. Son cerveau est stimulé par de nouvelles visions et de nouveaux sons. En encourageant votre enfant à une exploration sensorielle du monde, même s'il est en toute sécurité dans vos bras, vous lui permettez de développer sa curiosité. Vos commentaires permettent aussi à l'enfant de développer son vocabulaire.*

Coordination œil-main	✔
Écoute	✔
Développement sensoriel	✔
Développement visuel	✔

À CET AGE, la curiosité de votre bébé est beaucoup plus grande que sa capacité d'explorer le vaste monde et ce même s'il marche déjà. Faites-lui faire un premier tour guidé en lui décrivant les environs.

• À l'intérieur de la maison, montrez-lui des peintures, des affiches, des livres, des boutons et des interrupteurs de lampe d'éclairage. Laissez-le manœuvrer l'interrupteur, tirer une serviette du porte-serviettes ou retirer une brosse à dents du porte-brosses à dents. Décrivez ce qu'il voit et touche, par exemple la texture d'une orange ou la douce serviette qu'il tient dans sa main.

• Faites une promenade à l'extérieur et laissez-le sentir l'écorce d'un arbre, les feuilles d'un arbuste ou la chaleur de la pierre exposée au soleil. Soulevez-le afin qu'il puisse faire la connaissance d'un chaton au bord d'une fenêtre ou pour sentir un pommier en fleurs.

• Ne vous surprenez pas si quelque chose de bizarre attire son attention. La plupart des enfants aiment les animaux, mais à cette étape de leur développement, ils manifestent également de l'intérêt pour des objets inanimés comme des charnières de porte, des boutons de stéréo et des boutons-poussoirs et sont fascinés par leur fonctionnement.

SI VOTRE BÉBÉ AIME CETTE ACTIVITÉ, essayez aussi *À la découverte du son,* en page 146.

MONTREZ-LUI divers objets comme cette plante, et décrivez-les afin de lui faire découvrir des textures, des mots et des concepts importants pour son développement.

UNE DÉCOUVERTE LUMINEUSE

À LA POURSUITE DU FAISCEAU LUMINEUX

HABILETÉS

Que votre bébé *se promène à quatre pattes ou qu'il marche, essayer d'attraper le faisceau lumineux de couleur améliorera sa coordination œil-main et son agilité. Les marcheurs qui pourchassent le faisceau lumineux perfectionnent leur équilibre et leurs capacités visuelles.*

Équilibre	✔
Coordination œil-main	✔
Mouvements globaux	✔

SI VOTRE BÉBÉ AIME CETTE ACTIVITÉ, essayez aussi *Lumières*, *en page 120.*

UNE MOBILITÉ ACCRUE permettra à votre bébé de se livrer à une toute nouvelle gamme de jeux impliquant les notions de poursuite et de saisie. Dans la majorité de ces jeux, vous pourchassez votre bébé, mais celui-ci peut également jouer le rôle du poursuivant si vous lui montrez comment «attraper» un faisceau lumineux. Enroulez un morceau d'essuie-tout autour de l'extrémité d'une lampe de poche, faites réfléchir la lumière de couleur sur le plancher, le mur et un meuble bas et encouragez votre bébé à l'attraper.

SUIVRE LE FAISCEAU LUMINEUX exige de la concentration et de la coordination.

COURSE À OBSTACLES

UNE POURSUITE MOUVEMENTÉE

MARCHER SUR UNE SURFACE PLANE représente un défi et se promener à quatre pattes ou enjamber des objets en se tenant droit en sont d'autres. Il s'agit là d'habiletés importantes qui aideront l'enfant à se déplacer dans un bac de sable, à contourner les animaux domestiques ou à éviter de trébucher dans les racines d'un arbre dans la cour arrière. Apprenez à votre enfant à se déplacer autour d'objets se trouvant au sol en y plaçant une série de pctits blocs, de boîtes et de jouets en peluche. S'il marche, tenez ses mains et aidez-le à enjamber ces objets. S'il se promène à quatre pattes, encouragez-le à contourner l'obstacle rencontré.

MAÎTRISER un défi apparemment simple comme celui d'enjamber des objets peut augmenter l'estime de soi et les habiletés de marche de votre enfant.

HABILETÉS

Que votre enfant *se promène à quatre pattes ou se déplace de lui-même, ce jeu l'aidera à augmenter son équilibre. Il favorise aussi le développement de la coordination œil-pied, car il s'habitue à lever ses pieds et à les placer à un endroit sécuritaire.*

✔	**Équilibre**
✔	**Coordination œil-pied**
✔	**Mouvements globaux**
✔	**Force du bas du corps**

SI VOTRE BÉBÉ AIME CETTE ACTIVITÉ, essayez aussi *Monter et descendre les marches,* en page 179. ▶

153

MOI AUSSI, JE SUIS CAPABLE

LE PLAISIR D'IMITER

HABILETÉS

Apprendre à placer *un jouet en peluche dans une poussette, à manipuler un balai et comment remuer une cuillère en plastique aident votre enfant à acquérir une meilleure compréhension des relations spatiales et développe ses habiletés motrices fines. Pour lui, il est aussi très important d'imiter ce que font les enfants plus âgés et les adultes.*

Habiletés motrices fines	✔
Habiletés sociales	✔
Relation spatiale	✔

À **L'ÂGE DE NEUF MOIS,** votre enfant commencera probablement à vous imiter en donnant des coups au sol lorsque vous passerez le râteau dans le jardin ou en agitant une cuillère en bois au-dessus d'un bol lorsque vous faites la cuisine.

Encouragez-le à s'intéresser au monde des adultes en lui donnant des versions adaptées pour enfants d'outils comme des balais, des vadrouilles, des coffres à outils ainsi que des chariots et des poussettes miniatures. S'il marche, vous pourrez lui montrer comment promener son chien en peluche dans la poussette. Sa coordination ne sera sans doute pas très grande, mais il s'agira tout de même d'une initiation à des activités consistant à imiter les adultes, un processus qui lui permettra de progresser vers l'étape où il marchera et vers les années préscolaires.

RIEN N'EST PLUS tentant que d'imiter ce que fait le grand frère.

9 MOIS
9
ET PLUS

XYLOPHONES EN FOLIE

EN AVANT LA MUSIQUE

LES EXPÉRIENCES musicales de votre bébé n'ont pas besoin d'être limitées à des hochets, des clochettes ou à des jouets mécaniques pour bébés. Un simple xylophone conçu pour les enfants de moins de trois ans (en vente dans les boutiques de jouets et d'instruments de musique) lui permettra de faire un peu d'impro, peu importe les notes qu'il en sortira. Cet exercice lui permettra également de partir à la découverte des gammes si vous lui faites remarquer la différence entre les notes aiguës et les notes graves, selon l'endroit où il frappe sur le xylophone. La batterie est l'instrument idéal pour permettre à un bébé d'explorer ses rythmes intérieurs.

VOTRE ENFANT DÉCOUVRIRA avec joie que les différentes touches d'un xylophone produisent des sons différents.

HABILETÉS

Apprendre à écouter *différentes notes et éventuellement à les associer à des touches différentes aide votre bébé à développer sa capacité d'écoute. L'acquisition des habiletés permettant de frapper les touches une à une contribue au développement de la coordination œil-main et des habiletés motrices fines. Le fait d'être capable de produire des sons musicaux rehausse aussi l'estime de soi de votre enfant.*

✔ **Coordination œil-main**

✔ **Habiletés motrices fines**

✔ **Écoute**

SI VOTRE BÉBÉ AIME CETTE ACTIVITÉ, essayez aussi *Musiciens en herbe, en page 116.*

155

BÉBÉ SE PRATIQUE À REMPLIR UN CONTENANT

LE PLAISIR DE REMPLIR

HABILETÉS

Lorsque votre bébé *était plus jeune, il n'avait pas la coordination nécessaire pour manipuler des objets, alors qu'il est désormais capable non seulement de soulever des objets, mais aussi de les incliner et de les tordre. Ce jeu lui permettra d'utiliser ses mains pour développer ses habiletés motrices fines et de pratiquer sa coordination œil-main.*

SI VIDER ET REMPLIR un contenant est amusant, vider le contenu d'un récipient dans un autre l'est doublement. Il s'agit aussi d'un jeu qui demande peu de préparation. Vous n'avez qu'à rassembler des tasses, des bols et des chaudières en plastique ainsi que des cuillères et des petites pelles. Ajoutez soit de l'eau (dans une petite cuve ou dans la baignoire), du sable (dans le bac) ou de la semoule de maïs (à la table de cuisine ou à servir à bébé sur sa chaise haute). Montrez à l'enfant comment remplir la tasse, la cuillère, la pelle ou le bol avec l'une des substances. Regardez-le s'amuser à fouiller dans le sable ou la semoule de maïs avec ses doigts ou à lancer l'eau, découvrant les textures et l'interaction entre ces divers objets. Montrez-lui ensuite comment verser le sable, la semoule de maïs ou l'eau et en un rien de temps, il saura comment remplir un contenant, puis le vider dans un autre.

| Coordination œil-main | ✔ |
| Habiletés motrices fines | ✔ |

SI VOTRE BÉBÉ AIME CETTE ACTIVITÉ, essayez aussi *Jouer dans le sable,* *en page 138.*

9 MOIS
ET PLUS
9

«Et voilà!»

UN FILET DE SABLE est fascinant à observer et initie les enfants à des concepts tels que : vide, plein, rapide et lent.

157

CHANSONS D'ANIMAUX

À CET ÂGE, la plupart des bébés commencent à remarquer les bruits produits par les animaux et la manière dont ils se déplacent. Présenter à un enfant de cet âge des chansons avec des sons d'animaux amusants est donc une bonne idée. Votre bébé sera intrigué par les mots et les mélodies, qui feront éventuellement partie de son répertoire régulier.

RON, RON, RON

**Ron, ron, ron, la queue d'un cochon,
ris, ris, ris, la queue d'une souris,
rat, rat, rat, la queue d'un gros rat.**

VOTRE BÉBÉ ADORERA interagir avec des marionnettes représentant des animaux pendant que vous chantez des chansons d'animaux.

QUI A TIRÉ LA QUEUE DU CHIEN?

Qui a tiré la queue du chien?
C'est le lutin numéro 1.
Qui a perdu mon bonnet bleu?
C'est le lutin numéro 2.
Qui a mangé les chocolats?
C'est le lutin numéro 3.
Mais les trois lutins ont juré que
c'était moi.

À LA FERME DE MATHURIN

À la ferme de Mathurin,
i aï i aï o,
Y a des tas, des tas d'canards,
i aï i aï o,
Et des couac, couac ci et des couac
couac là,
Couac ici, couac par là,
On n'entend que couac couac,
À la ferme Mathurin,
i aï i aï o.

*Continuez la chanson en ajoutant
d'autres animaux ainsi que les sons
qu'ils produisent.*

IL ÉTAIT UNE BERGÈRE

Il était une bergère,
Et ron et ron petit patapon,
Il était une bergère,
Qui gardait ses moutons,
Ron, ron,
Qui gardait ses moutons.

«Frotti-frotta !»

160

LA BAIGNEUSE

CURE THERMALE POUR BÉBÉ

LE COMPORTEMENT D'UN BÉBÉ PLUS ÂGÉ dans une baignoire est fort différent de celui d'un tout petit bébé, car ses muscles sont beaucoup plus développés (et sa capacité à arroser est beaucoup plus grande). Cela veut dire que vous et votre salle de bain allez sans doute être trempés. L'enfant sera également beaucoup plus actif dans l'eau. Pour alimenter sa curiosité (et y aller d'un bon frottage), présentez-lui différentes éponges, y compris des éponges de mer, des loofas, des mitaines pour le bain et des brosses douces. Montrez-lui que ces éponges flottent (ou tombent au fond, ce qui pourrait bien arriver), comment les tordre et la différence de sensation que chacune de ces éponges lui procurera en entrant en contact avec sa peau tendre. Ne laissez pas votre bébé sans surveillance lorsqu'il s'amuse avec ces articles.

LES BÉBÉS AIMENT LA SENSATION que leur procurent ces différentes éponges et ont droit à un bon frottage!

HABILETÉS

Le principal moyen *pour votre enfant de comprendre son monde passe encore par le toucher. Cette baignade lui permet de faire connaissance avec une toute nouvelle gamme de stimulations tactiles par l'intermédiaire d'articles de bain.*

✔ **Coordination œil-main**

✔ **Habiletés motrices fine**

✔ **Stimulation tactile**

SI VOTRE BÉBÉ AIME CETTE ACTIVITÉ, essayez aussi *Des coups de pied et encore des coups de pied, en page 102.*

161

9 MOIS
ET PLUS

LIVRE D'ACTIVITÉS

CHOSES À VOIR ET À FAIRE

HABILETÉS

Un livre comportant des cartes *pliantes, des textures à toucher et des images à observer aide votre enfant à développer ses habiletés motrices fines. Votre narration pendant qu'il regarde le livre : «Voici le chaton», «C'est doux» ou «Peux-tu ouvrir ceci?» lui permet d'apprendre de nouveaux mots et des concepts.*

Contrôle de la motricité fine	✔
Développement du langage	✔
Stimulation tactile	✔

SI VOTRE BÉBÉ AIME CETTE ACTIVITÉ, essayez aussi *Visages amis,* en page 72.

TOURNE-T-IL les pages des livres, joue-t-il avec les étiquettes des vêtements et retire-t-il les cravates du porte-cravates? Vous pouvez faire appel à son instinct de bricoleur en lui achetant un livre d'activités ou en fabriquer un à partir de différents objets se trouvant dans la maison. Rassemblez quelques images à regarder (provenant de revues ou des cartes postales), des textures à toucher (des boules de coton, de la fausse fourrure, du velours côtelé, une feuille d'étain ondulée ou un film à bulles d'air), des rubans à tirer et de vieilles cartes pliantes. Fixez-les solidement avec de la colle sur des morceaux de carton et reliez le tout avec de petits morceaux de ruban.

DES HABILITÉS COMME LA DEXTÉRITÉ MANUELLE, la mémoire des mots et les aptitudes sociales sont toutes mises à contribution lorsque deux personnes (le bébé et un enfant plus âgé ou un adulte) participent à ce jeu.

162

LE PLAISIR DE FAIRE TOMBER DES OBJETS

ENTREPRENEURS EN HERBE

AU FUR ET À MESURE que les bébés plus âgés gagnent en coordination des mains et des bras, ils prennent un malin plaisir à empiler des objets. Encouragez-le à développer son talent naissant en construisant des tours formées de gros blocs, de livres, de boîtes de céréales, de boîtes de souliers ou de bols et de tasses en plastique pour votre bébé. N'oubliez pas qu'il y a deux étapes amusantes pour votre enfant : vous regarder empiler les objets, puis les jeter par terre de lui-même.

FAIRE TOMBER la tour n'est qu'une partie de l'expérience, car il se familiarisera aussi avec les grandeurs et les formes.

HABILETÉS

S'amuser avec des tours de jouets aide les bébés à développer à la fois leurs mouvements globaux et leurs habiletés motrices fines. Votre enfant aura également l'occasion d'explorer la relation spatiale et les différences de grandeurs et de formes.

✔ **Habiletés motrices fines**

✔ **Mouvements globaux**

✔ **Distinction : grandeurs et formes**

SI VOTRE BÉBÉ AIME CETTE ACTIVITÉ, essayez aussi *Ensemble de boîtes*, en page 168.

163

LES COULEURS VIVES, des anneaux faciles à manipuler et quelques problèmes faciles à solutionner font en sorte que les bébés aiment jouer souvent à empiler des anneaux.

«Allez, fais-en une bonne pile!»

ANNEAUX EMPILABLES

INITIATION AUX DIMENSIONS

CERTAINS JOUETS sont indémodables. Les bons vieux anneaux empilables aiguisent la curiosité des bébés d'aujourd'hui comme c'était le cas pour ceux d'il y a quelques générations. Vous pouvez acheter des ensembles en bois ou en plastique ou les fabriquer vous-même. Un ensemble formé de volumineux anneaux en plastique constitue généralement la meilleure option. Les bébés plus âgés dont la motricité fine est plus développée peuvent utiliser des ensembles comprenant des poteaux plus petits.

• Commencez en montrant à votre bébé comment retirer les anneaux, ce qui est beaucoup plus facile que de les insérer dans le poteau. Ne soyez pas surpris s'il se contente de prendre le jouet, de le tourner à l'endroit et à l'envers et lance les anneaux partout sur le plancher, car ne s'agit-il pas de la solution la plus évidente au problème?

• Ce n'est que plus tard, au cours de sa deuxième année d'existence, qu'il apprendra à empiler les anneaux en ordre de grandeur, soit le plus grand en dessous et le plus petit au sommet. En attendant, laissez-le se pratiquer à installer et à retirer les anneaux dans n'importe quel ordre.

Fabriquez-les vous-même

Vous n'arrivez pas à trouver des anneaux empilables préfabriqués? Retirez simplement le tube de carton d'un rouleau d'essuie-tout et quelques anneaux de bocaux à conserves ou découpez des anneaux à même un morceau de carton et montrez à votre bébé comment les faire glisser à l'intérieur et à l'extérieur du poteau.

HABILETÉS

Découvrir comment *retirer les anneaux de couleur, même si c'est en les jetant tous par terre d'un coup, aide votre enfant à développer ses aptitudes à résoudre un problème. De plus, apprendre à placer les anneaux par-dessus le poteau contribue au développement de ses habiletés motrices fines et à la compréhension du concept de grandeur.*

✔ **Coordination œil-main**

✔ **Habiletés motrices fines**

✔ **Résolution de problème**

✔ **Distinction : grandeurs et formes**

SI VOTRE BÉBÉ AIME CETTE ACTIVITÉ, essayez aussi *Le plaisir de faire tomber des objets,* en page 163.

165

LE COMPORTEMENT DANS LES LIEUX PUBLICS

VOTRE BÉBÉ ne sera pas toujours en train de sourire ou de gazouiller en public, car même l'enfant le plus heureux est susceptible d'avoir des sautes d'humeur et ce n'est pas tout le monde qui réagit bien face à un enfant capricieux. D'une manière ou d'une autre, vous aurez à vous déplacer dans des endroits publics avec votre enfant, ne serait-ce que pour un voyage éclair au bureau de poste. Vous vous faciliterez l'existence en apprenant le plus rapidement possible à composer avec les sautes d'humeur potentielles de votre enfant.

La prévoyance est toujours de mise : la meilleure façon de vous retrouver avec un bébé frustré et pleurnichard, c'est de vous déplacer d'un endroit à un autre lorsqu'il est fatigué, a faim ou est malade. La solution? Ne pas le faire. Essayez de ne pas éterniser les courses et faites-le lorsque votre enfant est reposé et a bien mangé. N'oubliez pas d'apporter une provision de livres et de jeux avec lesquels il pourra jouer si jamais vous vous trouvez pris dans une file d'attente ou un bouchon de circulation.

Préservez votre intimité : même les mères qui se sentent parfaitement à l'aise d'allaiter leur nouveau-né en public peuvent éprouver une certaine timidité à l'idée d'allaiter un bébé de onze mois dans un centre commercial, surtout si cet enfant marche et a commencé à parler. Des étrangers pourraient vous regarder d'une drôle de manière parce que vous continuez d'allaiter un bébé de cet âge. Si cette situation vous incommode et que vous devez donner le sein dans un endroit public, essayez de trouver un coin privé où vous et votre bébé pourrez être seuls et passer quelque temps ensemble.

Protégez-vous contre les agressions verbales : des remarques brutales concernant votre enfant pourraient s'avérer blessantes. La meilleure attitude consiste à réagir de façon positive et avec tact. Si vous êtes à l'épicerie et qu'une personne vous dit que votre enfant est gros ou qu'il prend votre garçon pour une fille, répondez-lui le plus naturellement du monde : «Oui, n'est-ce pas un beau gros garçon?»

Un des aspects importants dans le fait de composer avec des situations embarrassantes survenant en public, c'est que votre réaction servira de modèle comportemental à votre enfant. Bien que votre bébé soit encore trop jeune pour dire : «S'il-te-plaît, ne me touche pas» ou «Ma graisse de bébé disparaîtra avec le temps», il est quand même capable de percevoir la façon dont vous composez avec des conflits potentiels.

Demeurez calme, naturel, et votre attitude la portera à agir de la même façon.

OH ! OH !

INITIATION AUX NOTIONS DE CAUSE À EFFET

C'**EST UN FAIT** que la majorité des bébés plus âgés adorent lancer des choses lorsqu'ils sont installés dans un endroit surélevé, par exemple leur chaise haute, les genoux de grand-maman, etc. Les adultes peuvent transformer cette habitude en un jeu amusant consistant à lancer des objets. Placez des tasses de plastique, des hochets, de gros blocs ou de petits jouets en peluche sur le plateau de la chaise haute. Asseyez-vous par terre près de la chaise haute et demandez à l'enfant de vous lancer des objets ou des jouets avec sa main. Pour plus de plaisir, chantez «Oh, oh» ou «Ça s'en vient» ou parlez de la façon dont les jouets se déplacent de haut en bas.

HABILETÉS

Laisser tomber *des choses et observer leur chute aide un bébé à se familiariser avec les notions de cause et d'effet. À cette étape de son développement, le bébé ne fait que commencer à comprendre que ses gestes ont des conséquences sur ce qui arrive aux autres, une révélation qu'il mettra à l'épreuve de plus en plus avec l'âge et qui favorisera son développement mental et social.*

✔ **Cause et effet**

✔ **Coordination œil-main**

✔ **Saisir et relâcher**

✔ **Développement social**

TRANSFORMEZ sa propension naturelle à lancer des objets en un jeu amusant et éducatif.

167

9 MOIS ET PLUS

ENSEMBLE DE BOÎTES

OUVRIR, FERMER, REMPLIR ET VIDER

HABILETÉS

Une boîte et un couvercle *représentent une sorte de casse-tête élémentaire pour un bébé, car il doit essayer de trouver comment retirer le couvercle (plutôt facile) et comment le remettre (moins évident). Cet exercice requiert de la coordination et une compréhension des formes et des grandeurs. Ce jeu lui fait également découvrir des concepts comme : ouvert, fermé, plein, vide, à l'intérieur et à l'extérieur.*

Habiletés motrices fines	✔
Résolution de problème	✔
Distinction : grandeurs et formes	✔
Relation spatiale	✔

UNE BOÎTE D'ESSUIE-TOUT, un sac de lentilles et même le bol de spaghettis laissé sur la tablette du bas du réfrigérateur; toutes ces choses fascinent désormais votre bébé. Il voudra examiner tout ce qu'il voit. Vous pouvez le garder occupé en assemblant un ensemble de boîtes munies de couvercles faciles à manipuler (comme des boîtes à souliers, des contenants vides de toile gaufrée et des boîtes-cadeaux carrées) et en plaçant des objets et des jouets de petite taille dans chacune d'entre elles.

• Essayez de toujours mettre les mêmes jouets dans les mêmes boîtes à chaque fois que vous jouez.

• Répétez les mots «ouvert» et «fermé» pendant qu'il joue avec les boîtes, de même que des mots comme «à l'intérieur» et «à l'extérieur» pendant qu'il s'amuse avec les jouets.

LES BOÎTES VIDES

sont amusantes à ouvrir et à fermer et les boîtes remplies d'objets sont mystérieuses et excitantes à découvrir.

LAISSER TOMBER UNE BALLE

UN EXERCICE POUR L'ŒIL ET LA MAIN

LES BALLES, LES BOLS et à peu près n'importe quoi qui cogne sont extrêmement populaires chez les bébés un peu plus âgés. Comment arriverez-vous à combiner tous ces éléments en une seule séance de jeu? Procurez à votre enfant quelques balles légères (comme des balles en plastique ou des balles de tennis) et un gros bol en métal ou un panier en plastique. Montrez à votre enfant comment laisser tomber les balles dans le contenant. Lorsqu'ils cognent contre le fond, les balles émettent chacune un son différent et intéressant. Votre bébé sera fasciné par cette activité simple qui augmentera sa compréhension des notions de cause et d'effet.

LAISSER TOMBER UNE BALLE dans un grand bol produit un bruit important et améliore sa coordination œil-main.

HABILETÉS

Attraper une balle *devient une seconde nature lorsque l'enfant a environ six mois. Relâcher un objet comme s'il tombait est plus difficile à apprendre et lancer de façon intentionnelle est une habileté que l'enfant développera ultérieurement. Ce jeu permet à votre enfant de pratiquer ces deux habiletés tout en aiguisant sa coordination œil-main.*

✔	**Coordination œil-main**
✔	**Habiletés motrices fines**
✔	**Saisir et relâcher**

◄ SI VOTRE BÉBÉ AIME CETTE ACTIVITÉ, essayez aussi *Oh! Oh!* en page 167.

169

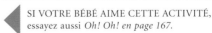

TUNNEL POUR BÉBÉ

DES ENDROITS À EXPLORER

HABILETÉS

Se promener *dans des espaces restreints permet à votre bébé de constater à quel point son corps est gros en comparaison d'autres objets, ce qui favorise le développement de sa relation avec l'espace et la conscience de son corps. Ce jeu lui permet aussi de développer ses capacités visuelles comme la perception de la profondeur et l'aide à augmenter son estime de soi pendant qu'il manœuvre à l'intérieur du tunnel sans bénéficier d'une vision périphérique.*

Conscience du corps	✔
Mouvements globaux	✔
Relation spatiale	✔

SI VOTRE BÉBÉ AIME CETTE ACTIVITÉ, essayez aussi *Course à obstacles*, en page 153.

VOUS ÊTES VOUS DÉJÀ DEMANDÉ POURQUOI votre bébé est si porté à se tortiller sous le lit, à se coincer derrière le canapé ou à se mettre en chien de fusil sur le plancher du placard? Les enfants de cet âge sont naturellement attirés par l'espace, particulièrement lorsque cet espace correspond à leur taille. Répondez à cet engouement en achetant un tunnel de fabrication commerciale ou fabriquez-en un en carton pour que le bébé puisse s'y promener. Faites rouler une balle à l'intérieur du tunnel et encouragez-le à la récupérer. Vous pouvez aussi vous installer à l'autre extrémité du tunnel et lui faire signe de venir vous rejoindre ou y placer de petits jouets comme des balles lestées ou des animaux en peluche.

IL SE FAMILIARISE avec les espaces restreints et apprécie les plaisirs de la découverte lorsqu'il se promène dans un tunnel pour bébé.

RAPPORT DE RECHERCHE

Pendant longtemps, les éducateurs *ont cru que les enfants présentaient des styles d'apprentissage distincts ou des préférences pour assimiler de l'information nouvelle. Certains enfants ont besoin d'explorer physiquement pour comprendre, alors que d'autres n'ont besoin que de voir ou d'entendre. Aujourd'hui, certains chercheurs croient que même les bébés ont de telles préférences, à preuve leur tendance à observer, à écouter ou à jouer avec certains jouets avec beaucoup d'intérêt. Comme les bébés ont besoin de développer tous leurs sens, il est conseillé aux parents de continuer à offrir à leurs bébés des environnements stimulants à explorer.*

171

CHANTE UNE CHANSON SUR MOI

VOTRE PETIT TRÉSOR n'est pas encore capable de prononcer les mots «bouche», «nez», «pied» ou «orteils», mais il a probablement déjà commencé à associer vos paroles aux parties de son corps. Vous pourrez améliorer son langage en croissance en lui apprenant ces chansons sur le corps. Remuez légèrement ses bras et ses jambes et utilisez vos mains et vos doigts pour indiquer les différentes parties de son corps.

FAIS UN BEAU GÂTEAU

Sur l'air de : J'ai un beau château

Fais un beau gâteau, ô boulanger, ô boulanger,
Tapez des mains ensemble

Fais un beau gâteau, fais-le vite et fais-le beau,
tapez des mains
Fais-le bien sucré,
Tapez d'un doigt sur la paume de l'autre main

Et marque-le d'un gros B,
Tracez un B imaginaire sur la paume de la main

Et mets-le au four pour moi et mon p'tit bébé.
Faites semblant de glisser un gâteau dans un four

LE P'TIT RENNE AU NEZ ROUGE

On l'appelait Nez rouge,
Donnez un petit coup avec votre index sur votre nez
Ah, comme il était mignon,
Pointez le nez du bébé
Le p'tit renne au nez rouge, rouge comme un lumignon.
Pointez votre nez
Son p'tit nez faisait rire, chacun s'en moquait beaucoup,
Faites semblant de renifler votre paume
On allait jusqu'à dire
Qu'il aimait prendre un p'tit coup.
Donner un petit coup avec votre index sur le nez du bébé

TAPE TAPE TAPE

Tape, tape, tape
Tapez dans ses mains
Pique, pique, pique
Pointez l'index dans la paume de votre main
Roule, roule, roule
Faite un mouvement circulaire avec les deux mains
Cache, cache, cache
Placez les mains devant votre visage et retirez-les en disant COUCOU!

FAIRE DE LA GYMNASTIQUE

Faire de la gymnastique, c'est pratique et c'est comique,
Tenez vous debout avec l'enfant et bercez-la de gauche à droite et vice-versa
J'aime te regarder marcher avec tes petits pieds.
Balancez l'enfant de l'avant à l'arrière
Faire de la gymnastique et marcher, c'est pratique et c'est comique, mic, mic.
Marchez vers l'avant avec l'enfant

LES YEUX, LE NEZ, LES DOIGTS et les orteils - votre bébé se régalera d'entendre les chansons de maman sur les parties de son corps.

Tous les parents espèrent que leurs enfants *seront sociables et auront beaucoup d'amis, mais ce n'est pas avant l'âge de deux ans qu'un enfant commence à jouer activement avec d'autres enfants. Votre bébé s'intéressera sans doute à d'autres bébés et se dirigera vers eux s'il désire un jouet ou leur donnera un coup sur la tête par curiosité. Jusqu'à l'âge de deux ans, les enfants se livrent à des «jeux en parallèle», c'est-à-dire qu'ils vont jouer à côté d'un autre enfant, mais non en sa compagnie.*

LE BALLON REBONDIT
et bébé s'amuse comme un petit fou dans cette activité de groupe.

DU BON MAÏS

UNE PETITE PARTIE DE BALLON

R ien n'attire plus l'attention d'un bébé qu'un ballon qui rebondit et une couverture qui bouge le fait rire aux éclats. Combinez ces deux éléments en jouant au jeu du maïs soufflé. Prenez une couverture ou un drap de lit et demandez à un enfant plus âgé de vous aider à tenir les coins. Placez quelques ballons légers ou un ballon de plage au milieu et agitez la couverture d'abord doucement, puis avec un peu plus de vigueur. Le mouvement des ballons rebondissant dans les airs le ravira tout en lui inculquant des notions de cause et d'effet et exercera ses habiletés mentales en développement. Intégrez une chanson rythmée comme «Du bon maïs, du bon maïs» à cet exercice afin de favoriser le développement du sens du rythme de votre enfant.

Du bon maïs, du bon maïs

Du bon maïs, du bon maïs,
qui bondit dans le plat
agite-le, agite-le
et abracadabra

Du bon maïs, du bon maïs,
Qu'est tout frais et tout chaud
agite-le, agite-le
c'est rigolo, ho, ho, ho, ho, ho.

✔ **Cause et effet**

✔ **Exploration des rythmes**

SI VOTRE BÉBÉ AIME CETTE ACTIVITÉ, essayez *Football pour bébé, en page 144.*

175

TU ME POUSSES, JE TE TIRE

EXERCICE DE MARCHE

HABILETÉS

Le soutien procuré *par un objet qu'il peut pousser permet à votre bébé de s'exercer à marcher sans avoir à s'appuyer sur un meuble ou les mains de sa gardienne. Il doit se servir de ce qu'il a appris sur le travail effectué par ses muscles et ses articulations sur la gravité afin de demeurer en position verticale lorsqu'il avance. Cette marche, combinée à l'exercice de poussée l'aide à développer son équilibre et ses mouvements globaux.*

Équilibre	✔
Mouvements globaux	✔
Force du bas du corps	✔

SI VOTRE BÉBÉ AIME CETTE ACTIVITÉ, essayez aussi *Bébé déplace de l'air,* en page 180. ▶

S I VOTRE BÉBÉ marche ou ne fait que commencer à trottiner, il appréciera le soutien que procure un objet de grande taille qu'il pourra pousser au sol comme une poussette, une chaise d'enfant ou un jouet en peluche commercial.

Un panier à linge rempli de ses jouets représente aussi un appui utile à la marche. Pour commencer, vous pourrez l'aider en tirant à partir de l'autre extrémité, mais attention… il sera bientôt capable de le faire de lui-même.

«Regarde moi cette belle grande fille qui trotte!»

UN OBJET QUI PEUT ÊTRE DÉPLACÉ et qui est environ de la taille de votre bébé, lui procure un soutien tout en lui donnant l'impression de marcher de lui-même.

• JOUER DANS LE BAIN • JEUX PENDANT LE CHANGEMENT DE LA COUCHE • MUSIQUE ET MOUVEMENT • ACTIVITÉS PHYSIQUES • PLAISIR TACTILE •

9 MOIS ET PLUS

IMITATEURS EN HERBE

LE PLAISIR D'IMITER LES AUTRES

FAIS COMME MOI

 sur l'air de **«Ah, vous dirais-je, maman»**

Tape, tape dans tes mains,
Dans tes mains, dans tes mains,
Tape, tape dans tes mains,
Et fais comme moi.

Bouge ta tête de gauche à droite,
Gauche à droite, gauche à droite,
Bouge ta tête de gauche à droite,
Et fais comme moi.

M I T E R des gens plus âgés, qu'il s'agisse de membres de la famille, des parents ou des voisins est une source importante d'apprentissage pour les bébés plus âgés. Transformez en jeu ce don inné pour l'imitation en vous donnant un coup sur le genou ou sur le plateau d'une chaise haute, en mettant vos mains sur vos yeux, en ouvrant grande votre bouche ou en bougeant votre tête d'un côté à l'autre en chantant une chanson naïve. Il apprendra de nouveaux mots sur son corps et ses gestes et découvrira le plaisir du jeu interactif.

PRODUIRE DE NOUVEAUX SONS tout en faisant des mouvements avec les bras et les doigts aide votre enfant à développer sa mémoire auditive et son rythme.

Conscience du corps	✔
Développement du langage	✔

178

MONTER ET DESCENDRE LES MARCHES

APPRENTISSAGE DE LA SÉCURITÉ DANS LES ESCALIERS

LORSQUE VOTRE BÉBÉ sera capable de se promener à quatre pattes au sol, il voudra essayer de grimper les escaliers. Si monter est simple, descendre est plus ardu. Plutôt que de l'empêcher de se promener dans les escaliers, apprenez à votre bébé comment descendre de façon sécuritaire en lui montrant à se tourner sur le ventre en avançant les pieds en premier et à atteindre les marches avec ses pieds. Pour commencer, il est important de diriger l'enfant. Utilisez des termes descriptifs comme «tourne toi» ou «le pied en premier» chaque fois que votre enfant approche des marches. Ne le laissez pas grimper les marches de l'escalier tout seul.

APPRENDRE À MONTER et à descendre les marches d'un escalier de façon sécuritaire est amusant et représente une habileté fondamentale pour tous les enfants qui essaient d'apprendre à marcher.

HABILETÉS

Apprendre à poser *ses pieds dans un espace qu'il ne peut voir, puis à trouver un appui solide pour ses pieds est très utile dans la familiarisation de l'enfant avec les notions de relation spatiale et d'équilibre. S'exercer à monter et à descendre des marches permet à votre bébé de développer un meilleur sens de la hauteur et de la profondeur, ce qui le rendra plus prudent dans ses explorations futures des hauteurs.*

✔	**Équilibre**
✔	**Mouvements globaux**
✔	**Force du bas du corps**
✔	**Relation spatiale**

SI VOTRE BÉBÉ AIME CETTE ACTIVITÉ, essayez aussi *La montagne de coussins*, en page 130.

179

BÉBÉ DÉPLACE DE L'AIR

EXERCICE D'EXPLORATION

HABILETÉS

Cette activité simple *permet d'étirer le corps et de développer l'esprit de votre enfant. Il contribue à développer l'équilibre et les mouvements globaux nécessaires pour se promener d'un objet à un autre. Ceci l'encouragera aussi à trouver une façon de se déplacer d'un endroit à un autre, par exemple de la table à café jusqu'au canapé où le jouet «se cache».*

UN SIMPLE DÉPLACEMENT d'une chaise à une autre ou d'une table à une chaise, puis vers le porte-revues et le genou de papa procure un plaisir fou à un bébé qui vient tout juste de découvrir les plaisirs de la promenade. Pour ajouter un peu de piquant aux pérégrinations de votre grand explorateur ou si le bébé n'est pas certain de la façon dont fonctionne cette exploration d'un point à un autre, encouragez-le à continuer en cachant des objets le long de son parcours. Faites-lui voir que vous cachez un des ses jouets préférés derrière un coussin qui est juste au-delà de sa portée ou placez-le en vue à l'arrêt suivant. Encouragez-le à aller chercher le jouet sans se traîner par terre. L'excitation d'aller chercher le jouet lui fera probablement oublier de penser à ses pieds, ce qui lui facilitera la tâche pour marcher.

TOUS LES ENFANTS QUI APPRENNENT À MARCHER adorent avoir l'occasion de se diriger vers un jouet favori.

Équilibre	✔
Conscience du corps	✔
Mouvements globaux	✔
Force du bas du corps	✔

SI VOTRE BÉBÉ AIME CETTE ACTIVITÉ, essayez aussi *Tunnel pour bébé, en page 170.*

GLOSSAIRE

C

CAPACITÉ D'ÉCOUTE
La capacité de discerner des sons divers, y compris la musique, le rythme, le ton et le langage parlé.

CAUSE ET EFFET
L'influence d'une action sur une autre. L'expérience de cause à effet aide un enfant à se familiariser avec les résultats de ses actions (lorsque le camion-jouet est lancé du haut de la chaise haute, il tombe au sol).

COGNITION
Les capacités mentales ou intellectuelles, y compris se souvenir des activités quotidiennes, des gens, de la situation des objets et la résolution de problèmes.

CONCEPT DE SOI
La compréhension d'un enfant qu'il est un être à part entière, séparé de ses parents.

CONFIANCE
La croyance et la dépendance d'un enfant à l'effet que ses parents (ou d'autres personnes) vont s'occuper de ses besoins fondamentaux.

CONSCIENCE DU CORPS
Le sens du fonctionnement simultané des membres, des articulations et des muscles et la capacité de localiser les parties du corps sans repère visuel.

COORDINATION
La capacité d'agencer les gestes et les mouvements de manière efficace et cohérente, comme atteindre et saisir un objet.

COORDINATION BILATÉRALE
La capacité d'utiliser simultanément les deux côtés du corps, que les mouvements soient ou non symétriques. Un enfant a besoin de posséder une coordination bilatérale afin de se promener à quatre pattes, marcher, nager, attraper, grimper et sauter.

COORDINATION ŒIL-MAIN
La capacité de diriger la position et le mouvement des mains en réaction à une information visuelle, comme atteindre et saisir un jouet offert.

COORDINATION ŒIL-PIED
L'évaluation visuelle de la distance et de la profondeur et le traitement de cette information afin de coordonner le moment et l'endroit où placer les pieds. Ainsi, la coordination œil-pied est requise pour atteindre une cible ou marcher sur une surface inégale.

D

DÉVELOPPEMENT AUDITIF
La maturation du système auditif d'un enfant, nécessaire au développement du langage parlé.

DÉVELOPPEMENT COGNITIF
L'évolution de la compréhension et de la connaissance d'un enfant et le développement de ses capacités à penser, à raisonner, à mémoriser, à résoudre et à classer.

DÉVELOPPEMENT DU LANGAGE
Le processus complexe d'acquisition des habiletés langagières, y compris la compréhension de la parole, la production de sons, le langage parlé et éventuellement l'apprentissage de la lecture et de l'écriture.

DÉVELOPPEMENT SOCIAL
La compréhension croissante d'un bébé, de ses interactions avec les gens et de son influence sur son environnement.

DÉVELOPPEMENT VISUEL

La maturation des yeux et de la vue d'un enfant.

DISTINCTION DES GRANDEURS ET DES FORMES

La capacité d'identifier des objets de différentes grandeurs et les relations entre eux, comme les nichoirs ou un morceau de casse-tête et l'espace où il doit être inséré.

DISTINCTION TACTILE

La capacité de déterminer les différences dans la forme ou la texture au moyen du toucher. Être capable de différencier des textures aide les enfants à explorer et à comprendre leur environnement et à reconnaître des objets.

DISTINCTION VISUELLE

La capacité de se concentrer et de distinguer des objets dans un champ visuel donné. Un bébé se sert de sa capacité de distinction visuelle pour voir différentes choses dans une image, un jouet désiré dans un panier ou pour localiser un de ses parents dans une pièce où il y a plusieurs personnes.

E

ÉQUILIBRE

La capacité d'adopter et de maintenir des positions corporelles contre la force gravitationnelle. Le sens de l'équilibre est essentiel pour apprendre comment se tourner, s'asseoir, se promener à quatre pattes, se tenir debout, marcher et courir.

EXPLORATION DU RYTHME

Le fait d'explorer les rythmes et la musique à travers le mouvement.

EXPLORATION SENSORIELLE

L'utilisation des sens : l'ouïe, la vue, l'odorat, le goût et le toucher dans l'apprentissage du vaste monde.

GLOSSAIRE

F

FORCE DU BAS DU CORPS

Le développement des muscles des jambes et du tronc inférieur. Ce développement est essentiel pour ramper, se promener à quatre pattes, marcher et courir.

FORCE DU HAUT DU CORPS

Le développement des muscles du cou, des épaules, des bras et du tronc supérieur. Ce développement est essentiel pour se déplacer à quatre pattes, pour s'asseoir, se redresser et marcher.

H

HABILETÉS MOTRICES FINES

Le contrôle des petits muscles, particulièrement ceux des mains, pour effectuer les petits mouvements comme cueillir un raisin ou enlever un brin d'herbe, ce qui permettra éventuellement à l'enfant d'utiliser des objets comme une cuillère, un crayon ou des ciseaux.

HABILETÉS SOCIALES

L'interaction et la relation avec les autres, y compris la reconnaissance des émotions d'autres personnes selon leur ton, leurs actions ou leur expression faciale.

J

JEU DE RÔLE

L'imitation des actions d'autrui conduisant éventuellement à l'utilisation de l'imagination pour faire semblant d'être quelqu'un ou quelque chose d'autre.

L

LOCALISATION VISUELLE

La capacité de suivre le déplacement d'un objet en bougeant les yeux et en pivotant la tête.

M

MÉMOIRE VISUELLE

La capacité de se souvenir d'objets, de visages et d'images. La mémoire visuelle permet à un enfant de se rappeler d'une série d'objets ou d'images et représente un élément clé dans l'apprentissage de la lecture.

MOUVEMENTS GLOBAUX

Le contrôle des grands muscles comme ceux des bras et des jambes. Les mouvements globaux comprennent le rampement, la marche et la course.

P

PERMANENCE DES OBJETS

Le concept qu'un objet qui n'est plus visible continue d'exister.

R

RELATION SPATIALE

Savoir où se trouve son propre corps par rapport à d'autres personnes et objets. Un enfant utilise la relation spatiale pour se promener sous un lit, pour ramper ou marcher entre deux objets et se déplace généralement dans l'espace.

RÉSOLUTION DE PROBLÈME

La capacité de trouver une solution à un problème mental ou physique. Un enfant solutionne un problème lorsqu'il trouve comment insérer un morceau dans un casse-tête, qu'il empile des nichoirs ou ouvre un paquet.

S

SAISIR ET RELÂCHER

La capacité d'atteindre intentionnellement et de récupérer un objet et de le relâcher éventuellement de façon intentionnelle.

STIMULATION TACTILE

L'entrée aux récepteurs qui réagissent à la pression, à la température et au mouvement des poils sur la peau. La stimulation tactile permet à un enfant de se sentir à l'aise dans de nouvelles expériences comme les premiers aliments et un toucher inattendu.

INDEX DES HABILETÉS

INDEX DES HABILETÉS

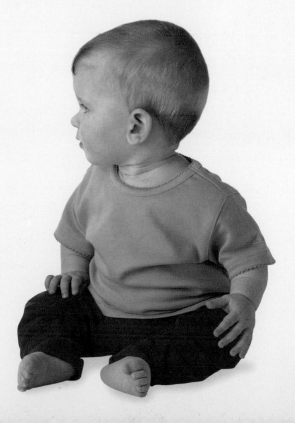

INDEX

REMERCIEMENTS

NOUS TENONS À REMERCIER PARTICULIÈREMENT
tous les bébés, les parents et les grands-parents dont les photos apparaissent dans ce livre.

Tyler & Ashlynn Adams
Greg, Denise, & Aiden Ausley
Maiya Barsky
Dana & Robbie Bisconti
Whitney Boswell
Lizzie Boyle
Brynn & Riley Breuner
Danielle Bromley & Tyler
  Primas
Jackson Brooks
Chizzie & Patrick Brown
Millie Cervantes & Norma
  Foreman
Kailah Chavis
Tami & Averie Clifton
Katherine & Parker Cobbs
Kelly, Mark, & Rebecca Cole
Bolaji, Kyle, & Miles Davis
Jane & Lauren Davis
John & Jessica Davis
Justice Domingo
Elaine Doucet & Benjamin
  Martinez
Lauren Dunlap
Masooda & Sabrina Faizi
Quinn Folks
Shannon & Clayton Fritschi
Kristen Gilbert & Phenix
  Dewhurst
Wendi & Joshua Gilbert
Patricia & Nathan Gilmore
Galen Gold
Alexa Grau
Candace Groskreutz &
  Matthew & Clare Colt

Walter, Ester, & Whitney Hale
Danny & Yasmine Hamady
Ashley & Alyssa Hightower
Justin Hull
Margy Hutchinson & Isaiah
  Hammer
Stephanie Joe & Alexander &
  Isabelle Weiskopf
David & Giselle Kaneda
Ashley Kang
Esther Aliah Karpilow
Isabella Kearney
Thomas Keller
Denise, Chloe, & Ian Kidder
Jeff, Jennifer, Sydney,
  & Gunner Kinsey
Sonya Kosty-Bolt & Owen
  Bolt
Dan & Martin Krause
Isabelle Jubilee Kremer
Alicia & Devon Mandell
Lily Marcheschi
Kim & Miles Martinez
Beth & Alison Mason
Lisa & Zachary Mayor
Nathaniel McCarthy
Meredith & Sam McClintock
Jennifer, Jim, & Abigail
  McManus
Maya & Jakob Michon
Sarah Miller & Elizabeth Schai
Kimberly Minasian & Isabelle
  Schulenburg
Mikayla Mooney
Nikolaus Moore

Theresa & Gabriel Moran
Mary, Jeff, & Amanda Rose
  Morelli
Chantál & Kalle Myllymäki
Sue, Katie, & Christine
  Partington
Abigail Peach
Lori Pettegrew & Andrew Pike
Santiago Ponce
Bronwyn & Griffon Posynick
Ann Marie Ramirez & Damien
  Splan
Miles Reavis
Aliyah Ross
Lori, Mark, & Zayle Rudiger
Renée Rylander & Ryan
  Ditmanson
Christine & Matthew Salah
Joseph Shin
Michelle Sinclair & Nicolas
  Amerkhanian
Colleen & Maxwell Smith
Nicole & Marlo Smith
Julia Stark
Denise & Adam Stenberg
Quincy Stivers
JoAnne Skinner Stott & Sonja
  Stott
Lori & Karl Strand
James & Jayson Summers
Sandi, Kimberly, & Jacquelyn
  Svoboda
Michelle & Tatum Tai
Dylan Thompson
Rico & Deena Tolefree

Kathi & Lauren Torres
Annalisa & John "Jack"
  VanAken
Jim Vettel & Peyton Raab
Patty & Shawn Weichel
Molly & Jamie Wendt
Kathleen & Meredith Whalen
Emma Wong
Catherine Wood
Ajani Wright
Preeti & Shama Zalavadia
Allison Zanolli
Karen Zimmerman & Jarred
  Edgerly